Roland Kopp-Wichmann

Achtsamkeit im Alltag

Über den Autor

Roland Kopp-Wichmann ist Diplom-Psychologe, Führungskräftetrainer und Autor.

Er zählt durch seine dreißigjährige Erfahrung als und seine Veröffentlichungen zu den Pionieren in der professionellen Anwendung von Achtsamkeit im Berufs- und Privatleben.

Achtsamkeit im Alltag

Sich in 3 Wochen besser fühlen

Roland Kopp-Wichmann

1. Auflage Nov. 2013

Umschlagfoto: Globalstock – istock.com
Autorenfoto und Zeichnungen: © privat

ISBN-13: 978-1494253189

EINLEITUNG

„In drei Wochen sich besser fühlen?" Wie soll das gehen, werden Sie sich fragen.

Nun, dazu gibt es eine Erfahrung, über die alle Menschen verfügen aber die wenigsten benutzen sie. Sie ist schon Jahrtausende alt, wurde aber bis heute nie verbessert. Sie kostet nichts und ist überall einsetzbar. Jeder Buddhist lernt sie schon im Kindergarten. Der Dalai Lama spricht immer wieder darüber.

Aber Vorsicht! Wer sie mal kennengelernt und ausprobiert hat, wird meistens ziemlich abhängig davon. Man braucht dazu nur ein paar Minuten und zack! – will man es immer wieder erleben.

Ich spreche von Achtsamkeit.

Viele Studien zeigen die Wirksamkeit dieses Bewusstseinszustands. Und Achtsamkeit ist nicht schwierig zu lernen. Ein paar Minuten am Tag genügen. In diesem eBook zeige ich Ihnen, wie Sie sich besser fühlen können, indem Sie achtsamer leben, beruflich wie privat.

Brauchen Sie Achtsamkeit in Ihrem Alltag?

Nun, beantworten Sie sich dazu selbst folgende drei Fragen:

Bin ich oft gestresst, angestrengt oder richtig erschöpft?

Würde ich gern hin und wieder etwas mehr Ruhe finden und weiß aber nicht wie ich das bei meinem Pensum anstellen soll?

Habe ich aber für lange Erklärungen und Entspannungsübungen keine Zeit und/oder keine Lust?

Bei einem oder zwei JAs kann Ihnen Achtsamkeit, so wie ich sie Ihnen in diesem Buch nahebringe, höchstwahrscheinlich etwas helfen.

Denn für Achtsamkeit im Alltag müssen Sie nicht zwanzig Minuten meditieren. Und das zweimal am Tag. Sie brauchen nur eine Minute. Und die finden Sie garantiert immer mal wieder am Tag.

Und schon diese eine Minute wird dafür sorgen, dass Sie weniger gestresst sind und etwas mehr Ruhe im Alltag finden und manche Dinge entspannter sehen können.

Wichtig dabei ist nur, dass sie sich diese eine Minute auch tatsächlich immer wieder nehmen. Lesen allein verändert nichts. Verstehen oder Einsehen auch nicht. Sondern nur Ihr TUN. Deshalb ist dieses Buch ganz aufs TUN ausgerichtet.

Fangen wir also an, ja?

Dieses Buch ist in sieben Lektionen aufgeteilt. Denn es macht wenig Sinn, wenn Sie es einfach nur durchlesen. Das schadet zwar nicht, aber es verändert auch nichts. Sie sollen auch nicht einfach glauben, was ich hier schreibe.

Überprüfen Sie es. Machen Sie die Experimente und spüren Sie bei sich nach, welche Wirkungen diese haben.

Das Buch enthält also 7 Lektionen. Wenn Sie alle drei Tage eine neue Lektion lesen und vor allem anwenden, sind Sie in drei Wochen durch. Und können erleben, ob an meinem Versprechen etwas dran ist:

Sich in drei Wochen besser fühlen.

1. LEKTION: WAS ACHTSAMKEIT NICHT IST

Achtsamkeit ist nicht schwierig. Denn Achtsamkeit beinhaltet vor allem drei Erlaubnisse. Das einzige was dabei nötig ist, ist *wahrnehmen.* Einfach beobachten, was Sie wahrnehmen. Nur das und nicht mehr.

In der Praxis ist es mitunter dann doch nicht ganz so leicht, weil wir verlernt haben, etwas einfach nur so wahrzunehmen. Deshalb nenne ich Ihnen zu Beginn drei Dinge, auf die Sie bei der Achtsamkeit verzichten können:

1. **Sie müssen nichts verändern.**

Es genügt, wenn Sie etwas wahrnehmen, wie es ist. Sie müssen es nicht verändern. Also angenommen, Sie bemerken während der Achtsamkeit eine Verspannung im Rücken, dann brauchen Sie nicht zu versuchen, die Stelle zu entspannen.

Vermutlich würde das sowieso nicht klappen, aber Sie brauchen es auch nicht zu machen. Achtsamkeit ist keine Entspannungsübung, obwohl man es entspannende erleben kann. Es ist überhaupt keine Übung, also es gibt nichts zu verbessern oder zu trainieren. Es ist vor allem eine etwas andere Art **der** Wahrnehmung.

2. Sie müssen nichts erklären.

Da sind wir meistens ganz schnell dran, das was wir wahrnehmen, gleich zu erklären oder zu rechtfertigen. Während der Achtsamkeit ist das nicht nötig.

Also angenommen, Sie bemerken im Rücken diese Verspannung, dann müssen Sie jetzt nicht nachdenken und eine Erklärung hinterher schieben nach dem Muster *„Das kommt bestimmt von … da hatte ich mal …“*

Nicht nötig. Einfach nur wahrnehmen, was ist.

3. Sie müssen nichts bewerten.

Da es bei der Achtsamkeit nichts zu erreichen gibt, brauchen Sie auch nicht bewerten, ob Sie das jetzt schon ganz gut können *(„Super, das klappt ja!“)* oder Sie mal wieder nichts zustande bringen *(„Typisch, nicht mal das kann ich.“).* Alles nicht nötig. Einfach nur wahrnehmen, was Sie wahrnehmen.

Das ist ja schon mal gut, oder? Sie haben so viel zu tun, so viel zu erledigen, da ist es gut, mal ein paar Sachen nicht machen zu müssen.

Merken Sie was?

Achtsamkeit hat viel mit Loslassen zu tun. In ganz vielen Bereichen unseres Leben wollen oder müssen wir beeinflussen, steuern, kontrollieren etc. und das ist meistens aus richtig und zielführend.

Gut, wenn man jedoch auch den anderen Pol spüren und leben kann. Loslassen. Geschehen lassen. Dabeisein ohne einzugreifen. Etwas wahrnehmen, wie es gerade ist.

Und das lernen Sie durch Achtsamkeit. Und am besten, Sie fangen jetzt damit an. Nicht heute Abend oder am Wochenende oder im Urlaub.

Achtsamkeit ist etwas für den Alltag, nicht für die Mußestunden. Denn im Alltag tut ein bisschen Achtsamkeit oft am meisten Not.

Bereit? Dann probieren Sie jetzt die **1-Minuten-Achtsamkeit** aus.

Die 1-Minuten-Achtsamkeit

Die ist ganz einfach und geht so:

- Suchen Sie sich einen ruhigen Platz, am besten im Sitzen. Schließen Sie Ihre Augen und richten Sie Ihre Aufmerksamkeit auf Ihren Atem.
- Bleiben Sie mit Ihrer Aufmerksamkeit ganz bei Ihrem Atem. Spüren Sie, wie sich Ihr Brustkorb hebt

und senkt. Oder fühlen Sie den Luftstrom an Ihrer Nase.

- Und das Ganze nur eine Minute. Wenn Sie zwischendurch mit Ihrer Aufmerksamkeit abschweifen – nicht schlimm! Bemerken Sie es einfach und kehren Sie zum Atem zurück.

Das ist schon alles.

Und enorm wirkungsvoll. Zahlreiche Studien bestätigen das. Die verlinke ich jetzt nicht, denn Sie sollen nicht über die Erfahrungen anderer Menschen lesen, sondern Ihre eigenen Erfahrungen machen.

Am besten, Sie machen die **1-Minuten-Achtsam-keit** gleich nochmal, wenn Sie gerade eine Minute übrig haben.

Notieren Sie bitte Ihre Erfahrungen.

Die kleine Grafik mit dem Notizblock werden Sie jetzt öfters sehen in diesem Buch. Es ist für Sie das Zeichen, dass Sie etwas aufschreiben sollen: Ihre Erfahrungen mit dem vorgeschlagenen Experiment oder der Übung.

Das ist sehr wichtig.

Denn vom Lesen allein werden sich Ihr Verhalten und Ihre Stimmung nicht ändern. Sondern nur vom Tun. Also, dass Sie die vorgeschlagenen Experimente und Übungen auch machen. Und am meisten haben Sie davon, wenn Sie hinterher Ihre Erfahrungen aufschreiben.

Denn das eine oder andere wird vermutlich nicht sofort klappen. Das ist völlig normal. Bei der gerade vorgeschlagenen „1-Minuten-Achtsamkeit" werden zum Beispiel Ihre Gedanken wandern - und Sie mitnehmen. Sie spüren vielleicht gar kein Gefühl. Und im Körper juckt irgendwas die ganze Zeit.

Wie gesagt, alles normal. Das ist der Lernprozess. Und wenn Sie diese Ihre Erfahrungen hinterher aufschreiben, hilft Ihnen das. Zum einen sind Sie sie „los", weil Sie sie aufgeschrieben haben. Aber sie sind eben nicht weg, sondern stehen auf einem Blatt Papier. Und wenn Sie das regelmäßig machen, können Sie nach einer Zeit mal nachlesen.

Dann staunen Sie vielleicht über die Schwierigkeiten oder Erfahrungen, die Sie am Anfang hatten – und freuen sich über Ihre „Fortschritte". (Ich setze das in

Anführungszeichen, weil Sie bei der Achtsamkeit ja nichts zu bewerten brauchen.)

Deshalb mein Vorschlag: besorgen Sie sich ein Logbuch.

Am besten im Format DIN A 6, das Sie immer dabei haben können. Vielleicht ein schönes, in das Sie gerne reinschreiben.

Sie könnten nach der 1.Minuten-Meditation zum Beispiel Folgendes notieren:

Vor der 1-Minuten Achtsamkeit war meine Stimmung auf einer Skala von 1 (schlecht) bis 10 (Super!)

…...

Nach der 1-Minuten Achtsamkeit war meine Stimmung auf einer Skala von 1 (schlecht) bis 10 (Super!)

………………………………………………………..

Während der Achtsamkeit habe ich erlebt:

…………………………………………………………………

Schwierig war für mich:

…………………………………………………………………

Gut fand ich

DEN STRESS WEGATMEN

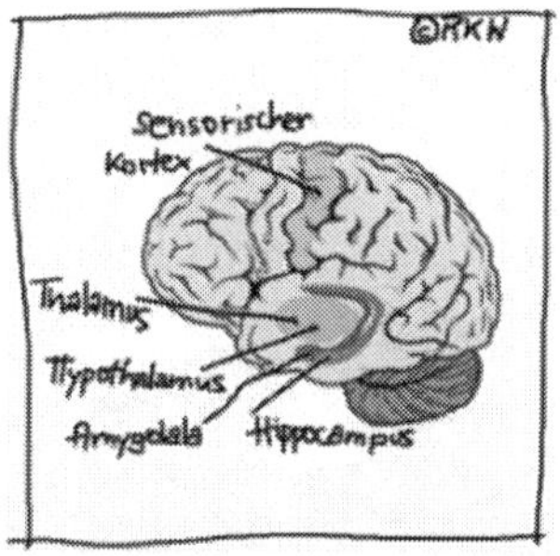

Der Organismus reagiert auf Stress bei allen Menschen gleich. Stress löst einen Alarm im Gehirn aus, oft „Angriff oder Flucht-Reaktion“ genannt. Der Körper bereitet sich auf Verteidigung vor. Das Nervensystem ist aktiv und Hormone wie Kortisol und Adrenalin werden freigesetzt, um die Sinne zu schärfen, den Puls zu beschleunigen und die Muskeln anzuspannen.

Diese Reaktion passiert, egal ob die Gefahr real oder eingebildet ist. Sie wissen doch: Myggie (die Amygdala) schiebt immer Wache. Wenn diese Stressattacken öfters ablaufen, besteht die Gefahr, dass sich chronischer Stress entwickeln kann.

Das kann gesundheitliche Probleme nach sich ziehen wie Schlafprobleme, Depressionen, Diabetes und Herzerkrankungen. Stress beschleunigt auch den Alterungsprozess.

Zum Glück gibt es zwei einfache Gegenmaßnahmen gegen Stresssymptome: **Atmen und Achtsamkeit.** Beides kann überall praktiziert werden. Die positiven Folgen sind: sinkender Blutdruck, Verminderung der Herzfrequenz, verbesserte Verdauung.

Hier ein Experiment für Ihren Feierabend:

Wenn Sie aus dem Büro gehen, oder im Auto oder der Bahn sitzen, kurz bevor Sie die Haustür aufschließen, wenn Sie zu Hause sind …

Nehmen Sie ein paar tiefe Atemzüge, schließen Sie die Augen und beobachten Sie Ihre inneren Reaktionen. Körperempfindungen, Gefühle und Gedanken.

Einfach nur beobachten, was da ist. Nichts verändern, nichts erklären, nichts bewerten. Einfach nur beobachten – und da sein.

Eine Minute Achtsamkeit geht immer.

Ich empfehle Ihnen wärmstens diese 1-Minuten-Achtsamkeit heute drei- viermal zu machen. Vielleicht zu bestimmten Zeitpunkten oder Handlungen, die Sie sowieso machen:

- Am Esstisch bevor Sie anfangen zu essen.
- Nachdem Sie sich ins Auto gesetzt haben (vor dem Losfahren!)
- Nachdem Sie ein eMail beantwortet haben.
- Wenn Sie irgendwo warten.
- Während Sie sich über etwas aufregen.
- Kurz bevor Sie die Wohnungstür aufschließen.
- Nachdem Sie im Bett die Augen geschlossen haben.

Es gibt keinen richtigen oder falschen Zeitpunkt. Und

schon gar keinen perfekten.

Das Wichtigste ist: dass Sie anfangen.

Und dann immer mal wieder am Tag sich eine Minute Zeit nehmen für – ACHTSAMKEIT. Denn so wird das mit der Zeit zu einer Gewohnheit. Zu einer zusätzlichen Gewohnheit neben sich aufregen, drängeln, genervt reagieren, ungeduldig sein, jammern …

Es gibt es ein schönes Video mit deutschen Untertiteln: Die **„One – minute - Meditation“.**

Hier der Link:

http://goo.gl/mEovq2

2. LEKTION: DIE LANDKARTE IST NICHT DIE LANDSCHAFT

Haben Sie schon ein paar Erfahrungen mit der 1-Minuten-Achtsamkeit gewonnen? Oder hatten Sie keine Zeit?

Schwer zu glauben, dass Sie keine Minute Zeit hatten. Aber ich weiß, das Verändern von lang gehegten Gewohnheiten ist nicht leicht. Andererseits kommt es immer darauf an, was einem wirklich wichtig ist. Dafür finden Sie in der Regel immer Zeit. Oder anders ausgedrückt:

Wer etwas will, findet Wege. Wer etwas nicht will, findet Gründe.

Wenn Sie sich also wirklich in drei Wochen besser fühlen wollen, reservieren Sie sich doch jeden Tag immer mal wieder fünf Minuten in Ihrem Terminkalender, um die vorgeschlagenen Übungen und Experimente zu machen.

In dieser Lektion geht es um drei neue Inhalte:

- Wie Achtsamkeit verhindert, dass Sie ein Taliban werden
- Wer sind Sie eigentlich und warum so viele?
- Wie Achtsamkeit Ihnen zu besseren Entscheidungen verhilft

* * *

Wir sehen die Welt nicht, wie sie ist.
Wir sehen die Welt, wie wir sind.
Anais Nin

ACHTSAMKEIT VERHINDERT, DASS SIE EIN TALIBAN WERDEN.

Ein Taliban ist ein Mensch mit fundamentalistischen Ansichten. Also, er weiß genau, was richtig ist. Er will immer Recht haben und ist in der Wahl seiner Argumente, „Andersgläubige“ zu überzeugen, nicht zimperlich. Zur Not bringt er sie auch um.

Das muss er auch tun, weil er zutiefst davon überzeugt ist, dass seine Meinungen über Frauen, rechten Lebenswandel und der Zweck von Kunstwerken nicht nur seine ganz persönlichen Meinungen widerspiegeln – sondern die

WAHRHEIT sind.

Der Taliban wähnt sich also im Besitz der Wahrheit und findet es deshalb müßig, lange mit Ihnen zu diskutieren. Er bringt einen lieber gleich um, denn er hat ja auch einen vollen Terminplan und keine Zeit zu verlieren.

So sind Sie natürlich bei weitem nicht. Ich bringe dieses Beispiel nur, weil wir alle immer mal wieder talibanische Verhaltensweisen an den Tag legen. Vor allem dort, wo wir zutiefst davon überzeugt sind, dass eine Sache so und nicht anders richtig ist. Wo wir also mit einer Sache oder einer Meinung sehr identifiziert sind.

- Fragen Sie einen dogmatischen Vegetarier, warum man keine Tiere essen soll.
- Fragen Sie im Tierheim, ob man Ihnen zwei Katzen für ein Essen mit Ihren chinesischen Geschäftsfreunden abgeben könnte.
- Stellen Sie sich beim Fußballspiel in den gegnerischen Fanblock und feuern Sie Ihre Mannschaft an.

All das hat mit unseren inneren „Landkarten" zu tun.

Wir leben alle auf derselben Erde
aber nicht in derselben Welt.

Denn die Landkarte ist nicht die Landschaft!

Um mit der Welt umzugehen, bilden wir innere Landkarten, mit denen wir uns orientieren also Einstellungen, Vor-Urteile, Überzeugungen, Werte etc. Dieser Prozess beginnt schon mit der

Geburt und früher.

Je nachdem, in welches Land und in welche Familie Sie hineingeboren wurden, haben Sie entsprechende Landkarten kennengelernt und übernommen.

Was man zum Frühstück ist, wie man sich begrüßt, wie man streitet, worauf es ankommt im Leben, worin sich Mann und Frau unterscheiden und welches Fernsehprogramm sehenswert ist.

Wir haben Landkarten über alles. Denn wir können gar nichts wahrnehmen ohne eine Landkarte. Eskimos sollen zweiundzwanzig Ausdrücke für Schnee haben (also zweiundzwanzig Landkarten). Wir haben nur zwei (Pulverschnee und Matsch).

Je nachdem womit Sie sich beschäftigen und was Sie interessiert, darüber bilden sie Landkarten:

- Für ihren Beruf, so dass sie dort kompetent arbeiten können;
- Über Biermarken, Weinsorten, was die beste Pizza ist;
- Darüber wie andere Völker sind, also Italiener, Engländer, Polen etc.
- darüber was man zum Glück braucht und wie wichtig Facebook oder das Smartphone ist.

Diese inneren Landkarten helfen uns, die Komplexität der Realität zu reduzieren, damit wir immer „wissen, woran wir sind“ und wie wir handeln können oder "müssen".

Ohne diese Landkarten müssten wir sonst dauernd sagen: *„Weiß ich nicht.“*

Natürlich sind diese inneren Landkarten immer völlig subjektiv. Ob es jetzt richtig war, Griechenland zu retten. Ob Ihr Chef ein Despot ist . Wie man die Geschirrspülmaschine richtig einräumt. Und ob man den Gebrauch von Kondomen in Afrika propagieren sollte.

Zu all dem braucht man eine Meinung. Aber was jetzt „richtig" oder „falsch" ist, wie es „wirklich" oder „objektiv" ist, darüber können wir nichts sagen. Man kann es so oder so sehen. Für jede Position gibt es gute Argumente.

Nur die Kirche, also der Papst, weiß genau, was richtig ist. Und eben der Taliban.

Mit diesem Dilemma haben wir täglich zu tun.

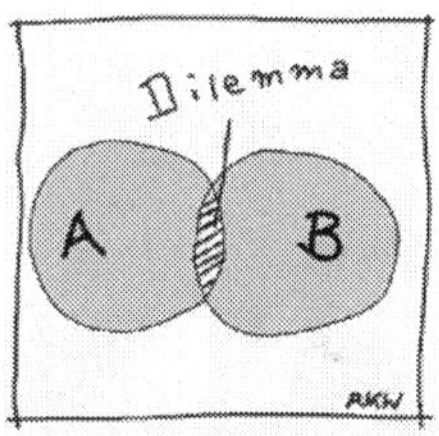

Dem Dilemma, dass wir uns täglich in jeder Sekunde verhalten müssen, also Entscheidungen treffen müssen. Aber gar nicht genau wissen, wie jetzt die Realität beschaffen ist. Dabei helfen uns einerseits unsere inneren Landkarten, andererseits führen sie zu kleinen und größeren Konflikten, was denn nun die richtige Art ist, etwas zu tun.

Zum Beispiel beim Einkaufen.

Ein Mann, der ein Paar Schuhe braucht, geht in ein Schuhgeschäft, probiert sechs Paar Schuhe an, kauft eines und fährt wieder nach Hause. Eine Frau, die ein Paar Schuhe braucht, besucht fünf Geschäfte, probiert 135 Paar an, kommt nach fünf Stunden ohne Schuhe aber mit einer wahnsinnig günstigen Jeans nach Hause.

Oder beim Reisen.

Wenn der Zug fünf Minuten zu spät kommt, regen sich manche Menschen darüber auf. Dieselben Menschen verbringen aber locker 35 Minuten im Stau auf der A8 oder warten auf den Flieger über eine Stunde wegen Turbulenzen. Und von ihrer Südamerikareise berichten Sie lachend, dass dort der Bus um 12 Uhr abfahren sollte. Es war nur unklar, an welchem Tag.

Oder beim Wetter.

Ob der angekündigte Dauerregen am Wochenende mich freut oder enttäuscht oder ärgert, bestimmt nicht der Niederschlag. Sondern meine Landkarten bezüglich des Wetters oder meine Erwartungen. Ein Landwirt hört denselben Wetterbericht mit anderen Gefühlen als der Wanderer.

Wer am Wochenende seine Steuererklärung machen wollte, dem ist der Regen egal. Wer eine Grillparty plante, ärgert sich. Woran man auch sieht, dass der Wettergott es niemals allen Recht machen könnte und sich deswegen auch nicht drum schert.

Oder bei Waffengesetzen.

Hierzulande haben Menschen nur dann eine Waffe, wenn sie Jäger oder Sportschützen sind oder etwas Böses vorhaben. Falls mal nachts jemand in unserem Garten rumschleicht, rufen wir die Polizei.

In Amerika haben viele Menschen eine Waffe, weil nachts vielleicht das Telefon nicht funktioniert oder die Polizei zu lange braucht – und weil das Recht zur Selbstverteidigung in der Verfassung steht. Bei uns steht alles Mögliche in der Verfassung, aber das Recht, guten Gewissens andere zu erschießen, fehlt.

Das sind Landkarten.

Für jede Möglichkeit, für jede diese Positionen gibt es gute Argumente. Das macht ja eine Diskussion darüber so schwierig und fruchtlos. Wie also etwas „richtig" oder „gut" ist, kann man einfach nicht objektiv feststellen, dazu brauchen wir Landkarten.

Aber:

„Die Landkarte ist nicht die Landschaft."

Dieser Satz stammt von Alfred Korzybski aus seinem Hauptwerk *Science and Sanity* (1933 erschienen) und lautet im Original: *„Die Landkarte ist nicht das Gebiet, aber wenn die Landkarte brauchbar ist, ist sie der Struktur des Gebietes ähnlich“.*

Er meinte damit, dass der Mensch in zwei Welten lebt: in der Welt der Sprache und der Symbole und in der realen Welt der Erfahrung.

Korzybski legte dar, dass die Welt der Sprache eine Abstraktion der Welt der Erfahrung ist und daher die Abstraktion (die Landkarte) niemals mit der Erfahrung (dem Gebiet) identisch sein kann.

Und er wies auf folgendes hin: Wenn die sprachliche Welt die Welt der Erfahrung nicht adäquat abbildet, läuft der Mensch, geleitet von einer falschen Landkarte, in die Irre. In seinem Buch stellt Korzybski dar, **dass das menschliche Gehirn fähig ist, allein auf die Landkarte zu reagieren und das dargestellte Gelände (im Extrem) vollständig zu vergessen.**

Das bedeutet, dass das menschliche Gehirn dazu fähig ist, etwas für wahr zu halten beziehungsweise zu glauben, was es nicht gibt, und dann damit aufhört, zu überprüfen, ob es das wirklich gibt. Das kann zu gravierenden Fehlentscheidungen führen, vor denen Korzybski angeblich warnen wollte.

Puhh!! Und mit diesem Dilemma haben wir täglich zu tun.

Unsere Landkarten sind also unsere subjektiven Bilder von der Realität. Und Probleme bekommen wir immer dann, wenn wir glauben, dass unsere Landkarte die

Realität darstellt. Dann schränken wir uns in unseren Möglichkeiten ein. Nicht weil sie in der Realität nicht möglich wären, sondern weil sie auf unserer Landkarte nicht vorhanden sind.

Jeder von uns hat seine eigene Realität, seine eigene Landkarte. Und jeder von uns hat eine Vielzahl von Landkarten. Wir haben eine Landkarte für unsere Ausbildung, für unsere Karriereplanung, für die Gründung einer Familie, für unsere Finanzen, für unsere religiösen Überzeugungen, für unsere politischen Einstellungen, fürs Geschäft, für den Umgang mit Kunden und Kollegen.

Und jede dieser Landkarten ist für uns sehr wichtig. So wichtig, dass wir manchmal sogar bereit sind, für unsere Landkarten unseren Gesichtsausdruck ernst werden zu lassen, die Stimme in einem scharfen Ton zu erheben und Unstimmigkeiten auszutragen. Und was im Kleinen gilt, gilt im Großen noch mehr. Auch Kriege werden geführt, um Landkarten zu schützen. So bedeutsam sind unsere Landkarten für uns.

Landkarten sind also ungemein bestimmend für uns, und sie sind wundervolle Werkzeuge. Aber genau daraus ergibt sich auch ein Problem.

Es gilt nämlich, Landschaft und Landkarte nicht miteinander zu verwechseln. Die Landkarte ist nicht das Gebiet, ist nicht die Landschaft.

Die meisten Landkarten, die unsere Persönlichkeit ausmachen, werden in den ersten zehn bis zwölf Lebensjahren gebildet. Bestimmend dabei ist das Land, in das wir geboren wurden. Die Sprache, die wir als Kind lernen. Die soziale Schicht unserer Eltern. Das Zusammenleben unserer Eltern. Der Platz in der

Geschwisterreihe. Die Wahl unserer Freunde.

Die richtigen Landkarten, also Stadtpläne, der SHELL-Atlas oder die Software Ihres Navigationsgeräts werden regelmäßig aktualisiert. Weil sich eben die Realität immer ein bisschen verändert.

Unsere eigenen Landkarten der Persönlichkeit akutalisieren wir nicht so regelmäßig. Denn wir wissen gar nicht so genau, dass das „Landkarten" sind. Sondern wir halten sie für die Wahrheit, das Normalste auf der Welt, unser gutes Recht usw.

Wie eben der Taliban auch.

Achtsamkeit hilft Ihnen, Ihre Landkarten zu erkennen.

Die meisten Auseinandersetzungen beruhen darauf, dass jemand seine Landkarte mit der Landschaft verwechselt. Also glaubt, dass seine Interpretation von etwas in der äußeren Welt objektiv sei.

Das ist aber nie möglich.

Auch Musikkritiker sind sich nie ganz einig, wie jetzt dieses Impromptu von Chopin von der jungen Japanerin gespielt wurde. Der eine empfand es *„mit anmutiger Zartheit kongenial dargebracht"*. Der andere vermisst *„neben aller technischen Raffinesse ein seelisches Nachklingen"*.

Weinkenner können in Blindversuchen nicht den „besten" Bordeaux herausschmecken. Raucher schwören auf ihre Marke, versagen aber im Test genauso.

Achtsamkeit hilft Ihnen, kein Taliban zu werden.

Ein Taliban weiß genau, wer die richtigen Gläubigen sind und was man mit den Ungläubigen machen muss. Nämlich bekämpfen oder sicherheitshalber gleich umbringen. Das ist deren Landkarte über Meinungsvielfalt.

In hitzigen Konflikten sind Sie vielleicht auch genauso stinkwütend auf Ihren Kontrahenten wie der Taliban – aber Sie kämpfen nur mit Worten. Wir hierzulande finden das gut. Für einen Taliban sind Sie mit dieser Haltung aber ein Schwächling. Schon weil Sie nicht bereit sind, sich für Ihre Überzeugung mit dem anderen in die Luft zu sprengen.

Achtsamkeit ist also eine Art Anti-Taliban-Übung.

Mittels Achtsamkeit erkennen Sie, dass Ihre Gedanken, Gefühle, Wertungen, Meinungen etc. zwar durch äußere Ereignisse „ausgelöst“ werden können – aber nicht verursacht. Einfach weil Ihre Landkarte nicht die Landschaft ist.

Mit Landschaft ist die »wirkliche« Welt gemeint, was immer wir auch darunter verstehen. Eben alles, was außerhalb von uns ist. Alles was wir mit unseren Sinnen wahrnehmen können. Alles, was wir sehen, hören, fühlen, riechen und schmecken, ist die Landschaft.

Die Landkarte ist unsere Interpretation der Realität, dessen, was wir sehen, hören, fühlen, riechen und schmecken. Damit erschaffen wir unsere Möglichkeiten und im gleichen Maße auch unsere Grenzen. Das heißt, während wir die Welt wahrnehmen, erschaffen wir eine

Landkarte der Welt in unserem Kopf.

»*Obwohl wir alle in der gleichen Umgebung leben, lebt jeder von uns in einer anderen Welt*«, meinte Schopenhauer. Wir können also unmöglich rein objektive Erfahrungen machen. Es liegt in der Natur der Sache, dass menschliche Erfahrungen subjektiv sind.

Wir interpretieren alles, was uns widerfährt. Wir reagieren mehr auf dem Hintergrund unserer Landkarten als darauf, was wirklich geschieht.

Deshalb brauchen wir Achtsamkeit.

Denn mit ihr können Sie beobachten, was für Gedanken gerade auftauchen. Wie Sie eine Situation gerade empfinden (das macht die Myggie, Ihre Amygdala) und wie Sie sie interpretieren.

Probieren Sie das doch jetzt mal aus.

Schauen Sie einfach auf das, was gerade vor Ihnen ist. Vielleicht ein Glas Wasser auf Ihrem Schreibtisch. Ein Fenster. Ihr Wohnzimmer. Ein Weg draußen in der Natur.

Und probieren Sie aus, zu unterscheiden zwischen dem, was Sie wahrnehmen und Ihrer Interpretation. Also angenommen, Sie sitzen gerade in Ihrer Wohnung und schauen in den Garten hinaus. Ihr Blick fällt auf den Rasen.

„*Der müsste auch mal wieder gemäht werden*“, denken Sie. „*Die nächsten Tage ist Regen angesagt, also heute mähen.*“ Aber Sie haben keine Lust ...“

Das sind Ihre Landkarten. Was Sie wahrgenommen haben, ist „etwas Grünes da draußen", der Rest sind Ihre Landkarten zum Thema „Rasen".

Dieser Vorgang ist völlig normal und funktioniert bei allen Menschen so. **Es geht bei diesem Experiment nur darum, dass Sie das mitkriegen.** Dass Sie den Unterschied zwischen Wahrnehmung (Rasen) und den folgenden Gedanken, Gefühlen und Handlungen erleben (Ihre Landkarten).

Machen Sie das öfters am Tag. Zum Beispiel jetzt.

1. Gehen Sie ins Bad und schauen Sie Ihr Gesicht im Spiegel an. Mit Achtsamkeit!!! Und beobachten Sie, wie Ihre Landkarten aktiv werden.

....

....

2. Gehen Sie ans Fenster und schauen Sie hinaus. Mit Achtsamkeit!!! Und beobachten Sie, wie Ihre Landkarten aktiv werden.

....

....

3. Stellen Sie sich vor, dass Sie jemanden anrufen wollen. Ihren Partner, Ihre Mutter, einen Handwerker, einen Freund.

Und beobachten Sie, wie innerlich Ihre Landkarten aktiv werden.

ACHTSAMKEIT SCHALTET DEN AUTOPILOTEN AB.

Diese inneren Landkarten sind der Kern Ihres Autopiloten. Einem System, in dem Sie 90 Prozent Ihrer Zeit am Tag sind.

Der Vorteil davon ist, dass Sie so am besten funktionieren – eben wie ein Autopilot. Ohne viel nachzudenken, alles vollautomatisch.

Der Nachteil: im Autopilot-Modus haben Sie wenig bewusste Wahlmöglichkeiten. Sie handeln eben so, wie Sie sich immer verhalten haben.

Achtsamkeit schaltet den Autopiloten ab.

Sie halten an. Nehmen sich Zeit, wahrzunehmen, was gerade ist. Machen sich frei von Ihren Landkarten und den damit verbundenen automatischen Verhaltensweisen.

Doch Ihr Autopilot ist ein kompliziertes Ding. Genau genommen ist er gar kein einheitliches Ding.

* * *

IHR AUTOPILOT IST EIN GANZES BERATERTEAM.

Unsere Persönlichkeit ist kein festgefügtes „Ding", sondern kann besser verstanden werden als eine Ansammlung von Unterpersönlichkeiten. Da gibt es das *„Innere Kind"*, den ungeduldigen *„Drängler"* oder den nie zufriedenen *„Perfektionisten"*, die *„immer Nette"*, den *„Prinzen"* u.v.a.

Sicher kennen Sie solche und andere Anteile in sich. Sie melden sich meist in Form von inneren „Stimmen" oder diffusen Gefühlen. **Jede dieser Teilpersönlichkeiten will Ihnen helfen, Sie unterstützen**. Natürlich immer aus der beschränkten Scheuklappensicht des Teils.

Ein innerer „Kritiker" kann niemals anerkennen, was Sie vollbracht haben, er wird immer eine Kleinigkeit finden, die so noch etwas besser hätten machen können. Er will Sie damit nicht ärgern. Er kann nicht anders, nur kritisieren. Und er will damit verhindern, dass Sie „blind" gegenüber Fehlern werden und andere Menschen Sie darauf hinweisen müssten.

Diese inneren Anteile sind meist polar in uns angelegt. Der Gegenspieler zum „Perfektionisten" ist ein Teil, den man „Fünfe gerade sein lassen" nennen könnte. *„Passt schon irgendwie"*, ist seine Devise und *„Schau'n mer mal"* sein Leitspruch.

Polaritäten einigen sich nie. Beide haben für Ihre Sichtweise gute Argumente, liegen aber immer miteinander im Clinch. Zum Glück gibt es eine weitere Instanz in Ihrer Psyche. Und das ist Ihr ICH.

Das ICH ist kein Teil, sondern eine Hierarchiestufe höher. Die besten Entscheidungen treffen Sie, wenn Sie aus dem ICH kommen. Probleme im Leben bekommen Sie meist, wenn ein TEIL auf dem inneren Regiestuhl sitzt und das ICH nicht spürbar oder anwesend ist.

Am besten, Sie probieren das gleich mal aus.

Schließen Sie Ihre Augen und werden Sie achtsam. Denken Sie dann mal an das nächste Wochenende oder den nächsten Urlaub und wie Sie diese Zeit am liebsten verbringen möchten.

Und beobachten, was sich in Ihnen abspielt.

Wenn Sie wollen, notieren Sie Ihre Beobachtungen in Ihr Logbuch.

Bestimmt werden Sie Anteile in Form von Stimmen, Bildern oder Gefühlen in sich wahrnehmen können. Ein Teil, der sofort einen klaren Wunsch äußert. Ein anderer Teil, der an die Kosten mahnt. Wieder ein Teil, der daran erinnert, dass Ihr Partner oder Ihre Kinder ganz andere Vorstellungen haben. Ein Teil, der Sie auffordert, Ihre Wünsche zurückzunehmen, weil es sonst nur Streit gibt.

Das ist unser normales Erleben in vielen Situationen des Alltags.

Das ist auch das, was uns oft Stress verursacht. Denn in jedem Moment, in dem wir wach sind, also nicht schlafen, müssen wir uns entscheiden. Für etwas und gegen etwas. Oftmals sehr schnell. Und immer ist die Informationslage beschränkt. Oder anders ausgedrückt: hinterher ist man immer klüger aber entscheiden müssen wir uns vorher.

Hier hilft Ihnen die Achtsamkeit.

Denn in der Achtsamkeit sind Sie immer im ICH.

Das ICH ist der Beobachter Ihres inneren Geschehens. Der Autopilot ist das „innere Team" von Unterpersönlichkeiten, die miteinander diskutieren oder streiten. Hier habe ich in einem Blogartikel diese Sichtweise ausführlich beschrieben: http://goo.gl/fxBaE

* * *

WIE SIE MIT ACHTSAMKEIT BESSERE ENTSCHEIDUNGEN TREFFEN.

Wenn Sie bemerken, dass Sie unentschlossen sind oder etwas Sie hindert, angemessen zu handeln, ist die innere Distanzierung hilfreich. Es macht einen Riesenunterschied, ob Sie sagen: *"Ich habe Angst."* oder *"Ein Teil von mir hat Angst."*

Distanzieren können Sie sich von einem Gedanken, einem Gefühl, einem Impuls, einer Einstellung. Bei der Zusammenarbeit mit diesen inneren Anteilen hat sich dieses Vorgehen bewährt.

1. Identifizieren Sie die einzelnen Mitglieder ihres inneren Teams, die sich in der Situation gerade melden.

2. Treten Sie in einen inneren Dialog mit den Teilen und finden Sie heraus, welche gute Absicht jeder Teil mit seinem Beitrag verfolgt.

3. Gehen Sie in Kontakt mit Ihrem ICH.

Dazu hilft oft eine Veränderung der Sitzhaltung oder Sie laufen mal herum, atmen ein paar Mal tief. Alles, was Ihnen hilft, sich von den Teilen zu lösen, ist gut.

4. Anerkennen Sie die Beiträge der Teile und deren gute Absichten.

5. Treffen Sie Ihre Entscheidung auf der Basis der gehörten Informationen.

Ein Beispiel:

Sie können sich nicht zwischen zwei Alternativen A und B entscheiden.

1. Da treffen Sie vielleicht auf den „Schwarzseher“ und den „Sicherheitsbeauftragten“ und den „Risikotypen“.

2. Hören Sie eine Weile zu, was die einzelnen Teile zu den Alternativen zu sagen haben und versuchen Sie, die positive Absicht jedes Teils hinter seinen Argumenten herauszufinden.

Der „Schwarzseher“ will Sie vor jedem möglichen Risiko bewahren. Dem „Sicherheitsbeauftragten“ fehlen noch ein paar Informationen. Und der „Risikotyp“ will, dass Sie etwas Neues erleben.

3. Im Kontakt mit Ihrem SELBST spüren Sie vermutlich, was ein angemessenes Handeln in der Situation ist.

4. Danken Sie den Teilen für Ihre Beiträge und anerkennen Sie die guten Absichten hinter ihren Argumenten.

5. Handeln Sie.

Notieren Sie Ihre Gedanken jetzt wieder in Ihr Logbuch.

3. LEKTION: WIE SIE SICH UNZUFRIEDEN MACHEN

Haben Sie schon ein paar Erfahrungen mit Ihrem inneren Team gemacht? Sie merken, dieses Buch ist nicht einfach eine Anleitung, wie Sie mehr Entspannung in Ihrem Leben bekommen können.

Es geht tiefer.

In diesem Buch erfahren Sie **die wesentlichen Gewohnheiten in Ihrem Denken und Verhalten, warum Sie immer wieder unzufrieden sind.** Und wie Sie mit Achtsamkeit diese Gewohnheiten im Denken erkennen und verändern können. Das geht vielleicht nicht von heute auf morgen, obwohl blitzartige Einsichten einem oft einen Riesenveränderungssprung ermöglichen.

Aber Sie haben ja Zeit.

Wenn Sie jeden Tag mehrmals Ihr Denken und Tun achtsam betrachten, werden Sie immer besser verstehen, warum Sie sich immer wieder nicht gut fühlen. Und wie Sie das oft in kurzer Zeit ändern können.

In dieser Lektion geht es um diese Inhalte:

- Die Wurzel Ihrer Unzufriedenheit
- Was werten Sie unbewusst an sich ab?
- Mit Achtsamkeit Unzufriedenheit mildern oder klären

* * *

Die drei wichtigsten Ursachen für Unzufriedenheit in Ihrem Leben

Die meisten Ihrer Probleme haben mit Unzufriedenheit zu tun. Genauer gesagt, sind es drei Wege, wie Sie sich unzufrieden machen.

1. **Sie akzeptieren sich nicht so wie Sie sind,** sondern entwerfen ein inneres Idealbild, dem Sie entsprechen sollten.
2. **Sie vergleichen sich mit Ihrem Idealbild oder anderen Menschen und schneiden dabei schlechter ab.**
3. **Sie suchen Zufriedenheit und Glück im Äußeren.**

Es ist wichtig, dass Sie sich genauer mit diesen drei Ursachen in Ihrem Leben beschäftigen, wenn Sie langfristig zufriedener werden und sich besser fühlen wollen.

Zu Punkt 1) **Sie akzeptieren sich nicht so wie Sie sind.**

Die meisten Menschen akzeptieren sich nicht so wie sie sind, sondern haben jede Menge Vorbehalte, die mit bestimmten Veränderungen oder Zielen verbunden sind. Und glauben, erst wenn diese Veränderungen eingetreten sind, wären sie zufrieden. Das ist aber ein Denkfehler.

Etwas bei sich zu akzeptieren, was einem nicht gefällt, heißt ja nicht, dass Sie untätig bleiben müssen und nichts verändern dürfen.

Angenommen, Sie sind mit Ihrer Figur unzufrieden oder Sie können es nicht leiden, dass Sie öfters faul sind oder Ihre Vereinbarungen nicht halten. Natürlich dürfen Sie Gewicht abnehmen, fleißiger sein oder an Ihrer Zuverlässigkeit arbeiten.

Aber:

Die meisten Menschen, die etwas an sich auszusetzen haben, tun nichts, um wirklich etwas zu ändern. Aber werten sich bei jeder Gelegenheit, wo Ihnen das negative Verhalten auffällt, gründlich ab. *„Ich hasse meine Figur, wenn ich vor dem Spiegel stehe." „Mal wieder typisch, dass ich das nicht rechtzeitig fertig gekriegt habe."*

Dadurch, dass Sie eine Eigenschaft oder ein Verhalten bei sich ablehnen, verschwinden diese nicht. Etwas ändert sich allerdings: Sie fühlen sich schlechter.

Dadurch, dass Sie eine Eigenschaft oder ein Verhalten, das Ihnen missfällt, akzeptieren, ändert es sich auch noch nicht – aber Sie fühlen sich vermutlich etwas besser. Einfach weil Sie aufhören, dagegen anzukämpfen.

Am besten, Sie probieren das gleich mal aus.

Schreiben Sie in Ihr Logbuch ein paar Dinge, Eigenschaften oder Verhaltensweisen, die Sie an sich nicht leiden können, verabscheuen, hassen …

Ich kann an mir nicht leiden

……………………………………………………………

……………………………………………………………

Außerdem ärgere ich mich immer wieder über mich, wenn ich

……………………………………………………………

……………………………………………………………

Wenn ich in den Spiegel schaue, gefällt mir nicht,

……………………………………………………………

……………………………………………………………

……………………………………………………………

Die Eigenschaft, die mir jedoch am meisten zu schaffen macht, ist

……………………………………………………………

……………………………………………………………

1. Und jetzt nehmen Sie eine Sache aus der Liste und werten Sie sich ab, indem Sie einen ablehnenden

Satz damit bilden und diesen laut vor sich hin sagen.

Und, wie ist die Wirkung?

2. Und jetzt nehmen Sie dieselbe Sache und bilden einen akzeptierenden Satz, und sagen Sie diesen laut vor sich hin.

Wie ist die Wirkung jetzt?

Hier ein Beispiel:

1. „Ich kann diese hässliche Speckrolle nicht mehr sehen. Ich schaffe es einfach nicht mich zu disziplinieren."

2. „Okay, da auf den Hüften ist ein bisschen zu viel. Aber der Rest schaut gut aus."

WIE SIE SICH BESSER SELBST AKZEPTIEREN.

Vermeiden Sie bei Eigenschaften oder Verhaltensweisen, die Ihnen bei sich nicht gefallen, Worte wie „immer" oder „nie", weil sie nicht stimmen.

Also statt *„Ich akzeptiere, dass ich immer faul bin"* probieren Sie:

„Ich akzeptiere an mir, dass ich manchmal faul bin."

Oder angenommen, Sie finden, dass Sie einen dicken Bauch haben und dafür haben Sie sich bisher abgelehnt, verurteilt und abgewertet. Probieren Sie einen Satz wie: *„Ich habe einen dicken Bauch"* und registrieren Sie achtsam Ihre innere Reaktion auf diesen Satz. Oder nehmen Sie die Variante *„Mein Bauch ist ganz schön dick."*

Es geht darum, dass Sie sich mehr akzeptieren – egal was und wie Sie sind.

Und das ist eine Entscheidung. Kein Gefühl.

Wenn Sie sich angewöhnt haben, sich nur zu akzeptieren oder zu mögen, wenn Sie bestimmte Kriterien erfüllen, ist das eine nie versiegende Quelle von Unzufriedenheit. Denn Sie werden immer etwas finden, was Ihren Vorstellungen nach noch nicht in Ordnung oder ideal ist.

Aus diesem Rennen ohne Ziellinie gilt es auszusteigen. Deswegen ist Selbstakzeptanz einer der wesentlichsten Schritte, um sich besser zu fühlen.

Betrachten wir nun, welche Folgen mangelnde Selbstakzeptanz haben kann.

Welche Folge mangelnde Selbstakzeptanz hat.

Wir haben drei Ursachen von Unzufriedenheit bestimmt:

1. **Sie akzeptieren sich nicht so wie Sie sind**, sondern entwerfen ein inneres Idealbild, dem Sie entsprechen sollten.
2. **Sie vergleichen sich mit Ihrem Idealbild oder anderen Menschen und schneiden dabei schlechter ab.**

3. Sie suchen Zufriedenheit und Glück im Äußeren.

Betrachten wir nun genauer, wie sich das in Ihrem Leben zeigen kann.

Viele Verführungen des modernen Lebens unterstützen diese drei Ursachen und allzu oft erliegen wir diesen Versprechungen – um nach einer Weile festzustellen, dass es nur leere Versprechungen waren, denen wir geglaubt haben.

Wir essen oder trinken zu viel.

Oder rauchen, nehmen Drogen, stimmungsaufhellende Medikamente oder surfen stundenlang im Internet – auf der Suche nach Zufriedenheit im Außen und weil wir uns mit etwas, wie oder was wir sind, nicht gut fühlen.

Wir machen Schulden,

um Dinge zu kaufen, die wir uns eigentlich nicht leisten können. Manchen fällt es schwer, sich von Erworbenem wieder zu trennen, obwohl es nutzlos geworden ist, weil Sie sich nicht vorstellen können, zufrieden nur mit sich selbst zu sein.

Viele Menschen sind unzufrieden mit ihrem Körper. Sie stellen sich vor, mit einer geraderen Nase, einem flacheren Bauch oder einem schöneren Busen wären sie zufriedener. Doch ein paar Artikel in einem Lifestyle-Magazin lehren uns, dass auch fast alle Models etwas an ihrem Körper auszusetzen haben.

Eifersucht ist eine starke Quelle von Unzufriedenheit.

Wenn unser Partner sich nach jemand anderem umdreht oder nicht zur vereinbarten Zeit zurückruft, werden wir unruhig. Wir fürchten, er oder sie würde nicht bei uns bleiben, jemand Besseres finden. Auch hier spielt fehlende Selbstakzeptanz eine wichtige Rolle.

Unsere Ängste hindern uns, neue Verhaltensweisen auszuprobieren und neue Erfahrungen zu machen. Gleichzeitig sind wir oft mit der gegenwärtigen Situation nicht glücklich, weil wir sie nicht akzeptieren können oder wollen – aber auch nichts zu ändern wagen.

Aufschieberitis macht uns unzufrieden.

Anstatt die nötige Entschlossenheit oder Ausdauer, die für das anstehende Vorhaben notwendig ist, einzusetzen, suchen wir einen leichteren, angenehmeren Weg - obwohl wir wissen, dass es diesen nicht gibt. Nach längerem Surfen im Internet oder anderen aufschiebenden Verzögerungen fehlt uns die verlorene Zeit, wir setzen uns unter Druck – und werden zunehmend unzufrieden.

Ständiges Vergleichen macht uns unzufrieden. Hören oder sehen wir von jemandem, der nach unserer Einschätzung mehr Geld, Erfolg, Ansehen, Talent hat, erzeugen wir im Nu eine Phantasie, dass dieser Mensch zufriedener oder glücklicher sein müsse. Doch natürlich sehen wir nur ein Bild, wissen nichts von den Sorgen, Ängsten und Nöten desjenigen. Doch um uns unzufrieden zu machen mit dem, was wir sind und was wir haben, reicht es allemal.

Und wie ist das bei Ihnen?

Niemand ist perfekt.

Um einen Überblick zu bekommen, wie mangelnde Selbstakzeptanz sich bei Ihnen auswirken kann, machen Sie doch hier eine kurze Selbsteinschätzung, wo Sie am ehesten anfällig sind.

Einfach ein Kreuz auf der Skala zwischen 1 und 10 machen.

1 = nicht gefährdet und 10 = ziemlich gefährdet

Essen und Trinken

1 10

Schulden machen

1 10

Unzufriedenheit mit Ihrem Körper

1 10

Eifersucht

1 10

Angst vor Neuem

1 10

Aufschieberitis

1 10

Ständiges Vergleichen

1 10

Und jetzt zur Umsetzung.

Die einzelnen Lektionen dieses Buchs bauen auf einander auf. Deshalb ist es vielleicht nützlich, hin und wieder in einer früheren Lektion nachzuschauen.

Jetzt geht es darum, Bereiche Ihres Lebens, wo Sie sich abwerten oder anderweitig nicht akzeptieren, genauer zu untersuchen und einen neuen Weg des Umgangs damit zu finden.

1. Achten Sie heute und in den nächsten Tagen darauf, wenn Sie mit etwas unzufrieden sind. Enttäuscht sind, frustriert, ärgerlich oder resigniert.

2. Werden Sie einen Moment achtsam und beobachten Sie, was in Ihnen vorgeht, vor allem, welche Gedanken auftauchen.

3. Vielleicht ist es möglich, eine Teilpersönlichkeit (siehe 2. Lektion) bei Ihrem Wirken wahrzunehmen. Klären Sie, was dieser Teil in diesem Moment für Sie erreichen oder wovor er Sie bewahren will.

Schauen Sie ob eine der drei Ursachen für Unzufriedenheit gerade eine Rolle spielt:

- Sie akzeptieren sich nicht so wie Sie sind, sondern entwerfen ein inneres Idealbild, dem Sie entsprechen sollten.

- Sie vergleichen sich mit Ihrem Idealbild oder anderen Menschen und schneiden dabei schlechter ab.

- Sie suchen Zufriedenheit und Glück im Äußeren.

Entscheiden Sie, wie Sie mit der Situation umgehen möchten.

Wenn Sie möchten, notieren Sie wieder Ihre Erfahrungen in Ihr Logbuch. Zum Beispiel so:

Morgens kann ich an mir nicht leiden, dass

....

Tagsüber vergleiche ich mich öfters mit…

....

....

Aufpassen will ich vor allem auf Folgendes:

....

Am meisten anfällig für Selbstabwertung bin ich, wenn

....

Ein guter Satz für mich wäre, (also z. B: „Ich muss nicht immer perfekt sein", „Ich darf freundlich zu mir sein", „Meine Schwächen machen mich menschlich.")

....

Diese Umsetzungsaufgabe ist nicht ganz einfach. Einfach nur unzufrieden sein ist leichter. Lassen Sie sich Zeit. Nehmen Sie die 3 Schritte als eine erste Anregung, mit unangenehmen Gefühlen etwas Neues auszuprobieren.

Mit der Zeit gewinnen Sie Erfahrung und es wird immer leichter.

PS: Hier ein Video-Link:

http://goo.gl/IzZhV

Es ist eine Anleitung von mir zur Achtsamkeit, noch mal etwas ausführlicher erklärt.

4. LEKTION:
EINEN TAG OHNE ERWARTUNGEN

Wie ging es Ihnen mit der letzten Lektion? Welche Erfahrungen mit sich und Ihren Verhaltensweisen, in denen Sie sich nicht akzeptieren, haben Sie gemacht?
Das ist eine der Hauptquellen von Unzufriedenheit und negativen Gefühlen im Leben. Manchmal muss man etwas im Äußeren verändern. Doch meist geht es gar nicht um etwas Äußeres, sondern um eine innere Veränderung.

So wie auch in dieser Lektion.

Heute geht es um diese Inhalte:

- Die Rolle von Erwartungen
- Ihre Erwartungen sind nur Wünsche – nicht mehr
- Geht es einen Tag ohne?

Haben Sie sich gerade über die beiden letzten leeren Seiten gewundert? Vielleicht sogar etwas geärgert, dass dem Autor da offensichtlich ein Fehler passiert ist? Zwei leere Blätter mittendrin? Ist doch ziemlich unprofessionell und von einem Buchautor kann man doch verlangen, dass jemand vorher den Text noch mal gründlich geprüft hat.

Genau darum geht es in dieser Lektion. Um Ihre Erwartungen. Sie haben die erste Seite gelesen oder überflogen, waren neugierig auf den folgenden Text – und dann …? Nichts, ein leeres Blatt und noch eins. Was ist da los?

Auch hier gilt natürlich wieder der Satz *„Die Landkarte ist nicht die Landschaft"*. Und es geht wieder um Ihre Landkarten. Die „Landschaft", also das, was Sie wahrnehmen konnten, waren zwei leere Blätter.

Was danach in Ihnen passierte, waren Ihre Landkarten. Genauer gesagt: die Landkarte Ihrer Erwartungen.

Damit haben wir jeden Tag zu tun. In vielen Bereichen ist das nützlich, weil uns das Wenn-Dann-Denken ermöglicht, sinnvoll zu handeln.

- Wir betätigen den Duschhebel und erwarten warmes Wasser.
- Wir ziehen den Rollladen hoch und erwarten vor dem Fenster dieselbe Aussicht wie gestern.
- Wir gehen in die Garage und erwarten, dass der Autoschlüssel zu dem dort stehenden Wagen passt.
- Im Büro grüßen wir freundlich, man erkennt uns und lächelt uns zu.

Falls eine Ihrer obigen Erwartungen einmal nicht eintritt, stimmt etwas nicht. Entweder ist etwas in der äußeren Welt kaputt und Sie rufen jemanden, der sich damit auskennt (Installateur, Vermieter, Polizei, Chef).

Oder es ist etwas in Ihnen kaputt.

Dann brauchen Sie das nur zu kommunizieren und man wird jemanden für Sie anrufen. Und nach einer Weile kommen dann die Herren in den weißen Turnschuhen und bugsieren Sie in ein Taxi, das seltsamerweise auch ganz weiß ist und ein rotes Kreuz trägt.

Sie merken: Erwartungen sind eine spannende Sache.

* * *

Enttäuschung ist das Ergebnis
falscher Erwartungen.
–Andreas Tenzer

So spannend, dass ich Ihnen in dieser 4. Lektion ein folgenreiches Experiment vorschlagen möchte. Ein Experiment, das nicht immer ganz angenehme Erfahrungen vermittelt. Dass Ihr Leben aber, wenn Sie sich darauf einlassen, enorm erleichtern und vereinfachen wird.

Leben Sie einen Tag ohne Erwartungen.

Wie viel von Ihrem Stress, Ärger, Ihrer schlechten Laune und Ihren Enttäuschungen entspringen einer einzigen Sache?

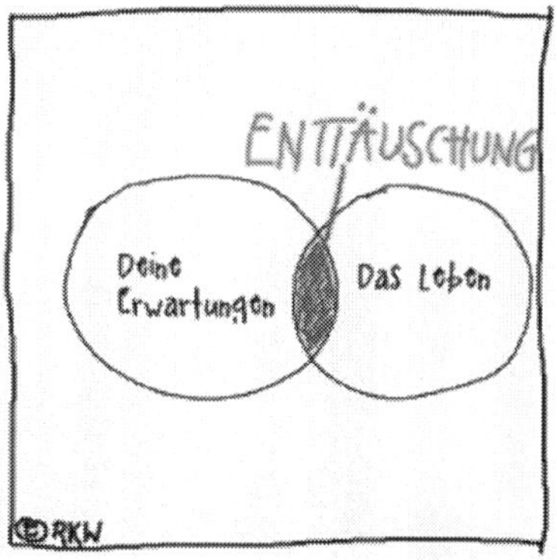

Fast alles davon kommt von Ihren Erwartungen. Und wenn die Dinge sich nicht so entwickeln, wie Sie sie erwarten, reagieren Sie mit Enttäuschung oder Ärger.

Siehe das leere Blatt vorhin.

In unseren Köpfen haben wir Erwartungen zu allem Möglichen:

- Was andere Menschen tun sollen;
- Wie unser Leben aussehen soll;
- Wie andere Autofahrer sich verhalten sollen;
- Wie die Fleischfachverkäuferin uns bedienen sollte;
- Wie ehrlich, fleißig, hilfsbereit, belastbar usw. wir selbst sein sollten;
- Wie Ihr Smartphone oder Ihr PC funktionieren sollte;
- Wie sich der Chef, die Mitarbeiter, die Kunden oder unser Partner am besten verhalten sollten.

Aber das ist alles nicht wirklich. Es sind nur unsere Wünsche und Fantasien. Es ist nicht real. Sie wissen ja jetzt schon: es sind Ihre Landkarten.

Und wenn die Realität nicht unsere Erwartung trifft, wünschen wir uns, dass die Welt anders wäre. Dieses Hängen an unseren Erwartungen hat beträchtliche Auswirkungen auf unser Erleben. Denn wenn andere Menschen oder das Leben sich nicht um unsere Erwartungen scheren sondern eben tun, was sie wollen, reagieren wir darauf meist ziemlich emotional.

Wir zucken nicht mit den Achseln und denken: *„Na, dann eben nicht!“* sondern sind je nach Tagesform und der Stärke unserer Erwartung enttäuscht, gestresst oder verärgert.

Wie Ihre Erwartungen Ihre Wahrnehmung beeinflussen.

Auch deshalb ist es wichtig, auf die eigenen Erwartungen zu achten. Eine Studie zeigte, dass Kinder, die Namen wie Kevin, Justin oder Chantal tragen, von Lehrern eher als verhaltensauffällig und lernschwach eingestuft werden. Kinder mit Namen wie Maximilian, Nele oder Hannah hingegen, wurden eher sozial höheren Schichten zugeordnet, und mit größerer Wahrscheinlichkeit besser benotet.

Es gibt eine einfache Lösung.

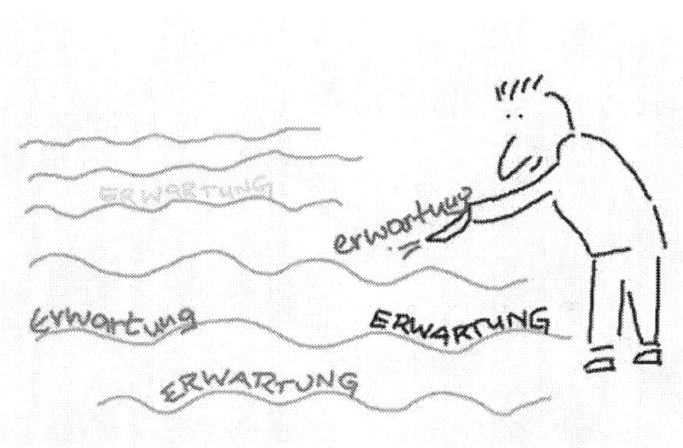

Nehmen Sie Ihre Erwartungen und werfen Sie sie ins Meer.

Stellen Sie sich alle Erwartungen vor, die Sie für sich selbst haben, für Ihr Leben, Ihren Partner, Ihre Kinder, Ihre Mitarbeiter, Ihren Job, die Welt. Und dann trennen Sie sich von Ihren Erwartungen und werfen Sie sie ins Meer. Ein Fluss oder ein See tun es auch.

Was passiert damit? Sie schwimmen. Sie werden von den Wellen fortgeschwemmt. Sehen Sie zu, wie sie von den Wellen fortgewaschen werden. Lassen Sie sie los. Und jetzt leben Sie ohne Ihre Erwartungen.

Wie kann man ohne Erwartungen leben?

Nun, Sie akzeptieren die Wirklichkeit wie sie ist. Sie akzeptieren die Menschen wie sie sind – und nicht wie sie Ihrer Vorstellung nach sein sollten. Sie sehen die Dinge, wie sie sind.

Der große Vorteil: Sie brauchen nicht länger enttäuscht, frustriert oder verärgert zu sein – oder wenn Sie es sind, akzeptieren Sie diese Erwartung an sich selbst und dann lassen Sie sie auch los.

Klingt einleuchtend.

Ist aber mitunter nicht so leicht umzusetzen. **Denn ein Großteil unseres Denkens funktioniert nach dem Wenn-Dann-Prinzip.** Wenn ich A tue, folgt B. Wenn ich C nicht mache, folgt D.

Für viele Bereiche des Lebens klappt das auch und ist ein sinnvolles Vorgehen. **Doch das Wenn-Dann-Prinzip ist kein Naturgesetz. Es beschreibt nur Wahrscheinlichkeiten.**

Immer wenn wir uns über eine enttäuschte Erwartung stark aufregen, haben wir aber gehofft oder sogar geglaubt, dass unsere Wünsche einen starken Einfluss auf das Universum haben müssten.

Eine besondere Rolle spielt dabei die Landkarte „ausgleichende Gerechtigkeit".

* * *

„Gerechtigkeit entspringt dem Neid;
denn ihr oberster Grundsatz ist:
Allen das Gleiche."
Walter Rathenau

GLAUBEN SIE AUCH AN AUSGLEICHENDE GERECHTIGKEIT?

Den meisten Menschen fällt es schwer zu akzeptieren, dass das Leben ungerecht ist. Genauer gesagt, dass „Gerechtigkeit" ein von Menschen geprägter Wert ist. Das Leben und die Natur kennen keine Gerechtigkeit.

Naturkatastrophen treffen oft Menschen, die sowieso nicht viel haben.

Diktatoren sind erstaunlich langlebig.

Fünf Löwen jagen *eine* schwache Antilope.

Junge nette Menschen sterben mit 26. Manche Giftzwerge werden 87.

Um solche „offensichtlichen" Ungerechtigkeiten auszuhalten, klammern sich Menschen an das Prinzip „ausgleichende Gerechtigkeit".

Der Roulettespieler glaubt, nach siebenmal Rot müsse jetzt schwarz kommen. Aber die Kugel hat kein Gedächtnis und kann deshalb den Verlust des Spielers nicht ausgleichen. Sie rollt dahin, wo die Gesetze der Physik sie hintreiben.

Wenn im Fußball nach zwei krassen Fehlentscheidungen des Schiedsrichters doch noch der Ausgleich fällt, sprechen Reporter manchmal davon, dass der „Fußballgott" doch noch ein Einsehen hatte.

Doch unsere Erwartungen sind nichts anderes als unsere Wünsche, wie etwas sein oder sich entwickeln möge.

Also, sie bedeuten nichts.

Mit der ausgleichenden Gerechtigkeit versuchen wir, unseren Wünschen mehr Nachdruck in Form einer berechtigten Forderung zu geben: *„Ich war so brav, habe so viel gearbeitet, habe mir so viel verkniffen, habe so viel Pech im Leben gehabt …"*

Aber das Leben klappt nicht. Das Leben lässt sich nicht manipulieren.

Machen Sie ein Experiment:

Leben Sie einen Tag ohne Erwartungen.

Natürlich sind Ihre Erwartungen vollkommen in Ordnung und menschlich. Wir alle, ich auch, haben immer wieder Erwartungen.

Es geht darum, etwas flexibler damit umzugehen. Die damit verbundenen unangenehmen Gefühle etwas zu reduzieren und in Situationen schneller zu erkennen, dass wir es selbst sind, die sich das Leben schwer machen.

Ein Experiment ist keine Übung. Sie können nichts falsch machen oder versagen. Ein Experiment hat einen offenen Ausgang. Man weiß nicht, was dabei herauskommt, was man erleben wird. Ein Experiment erfordert etwas Mut, denn man prüft dabei auch, ob die befürchteten Ängste tatsächlich eintreten oder nicht.

Probieren Sie mal aus, sich Ihre Erwartungen bewusst zu machen und sie dann loszulassen. Einfach nur mal einen Tag. Am nächsten Tag können Sie dann die Gegenprobe machen, wie es sich lebt mit vielen Erwartungen.

Wenn Ihnen der Tag zu viel ist, nehmen Sie einen halben. Oder zwei Stunden. Hier ein paar Vorschläge:

Wenn Sie etwas Gutes tun, erwarten Sie kein Lob oder keine Anerkennung.

Wenn Sie mit dem Auto fahren, erwarten Sie keine staufreien Straßen. Wenn Sie mit der Bahn oder dem Flugzeug reisen, erwarten Sie keine Pünktlichkeit.

Wenn Sie einkaufen, erwarten Sie nicht, an der Kasse schnell dran zu kommen. Wenn Sie essen gehen, erwarten Sie nicht, schnell bedient zu werden.

Wenn Sie nach Hause kommen, erwarten Sie nicht, dass Ihr Partner freundlich, ausgeruht oder zuvorkommend zu Ihnen ist.

Achten Sie auf Ihre Gedanken und Ihre Gefühle. Verurteilen Sie sich nicht, wenn Sie Erwartungen haben. Nehmen Sie sie einfach wahr – und kümmern Sie sich nicht weiter darum. Akzeptieren Sie einfach das, was da ist:

- Die ausbleibende Anerkennung.
- Der Stau auf der Autobahn.
- Die Verspätung Ihres Zuges oder Flugzeugs.

Beobachten Sie genau Ihre Erwartung, atmen Sie tief durch und akzeptieren Sie das, was passiert.

Bemerken Sie Ihre Gefühle, wenn ein Mitarbeiter oder Ihr Chef sich nicht so verhält, wie Sie es gerne hätten. Achten Sie auf Ihre Gedanken, wenn Ihr Partner sich nicht so verhält, wie Sie glauben, dass es richtig oder normal ist. Beobachten Sie all das in sich, nehmen Sie einen tiefen Atemzug – und lassen Sie Ihre Erwartung los.

Machen Sie sich Folgendes bewusst:

Ihre Erwartungen sind nur Ihre Erwartungen. Es ist nicht die Wahrheit. Es ist Ihre Perspektive, Ihre Vorstellung, wie etwas zu sein hat. Nicht mehr.

Wer Erwartungen an andere hat, glaubt oft, ein Recht darauf zu haben.

Sie stellen einer Verkäuferin freundlich eine Frage und erwarten eine freundliche Antwort.

Sie haben eine schwierige Arbeit fertiggestellt und erwarten ein anerkennendes Wort von Ihrem Vorgesetzten.

Sie sind extra eine halbe Stunde früher auf die verkehrsreiche Autobahn gefahren und erwarten eine staufreie Fahrt.

Sie fahren Ihren PC hoch und erwarten, dass er das problemlos tut.

Doch Ihre Erwartungen sind kein Rechtsanspruch. Ihre Erwartungen sind einfach nur Ihre Wünsche und Vorstellungen. Andere Menschen und die Wirklichkeit können sich danach richten, sie müssen es nicht.

Erleben Sie, dass sich die Welt weiter dreht. Dass nichts Schlimmes passiert. Vielleicht etwas anderes, als Sie sich vorstellten oder wollten. Aber mehr passiert nicht.

Akzeptieren Sie, was geschieht – und machen Sie weiter.

Und was ist mit den Erwartungen anderer an Sie?

Die gute Nachricht: die Erwartungen anderer an Sie sind auch nur Wünsche. Sie müssen sie nicht erfüllen.

Die schlechte Nachricht: die meisten anderen wissen das nicht. Sie glauben, ihre Erwartungen sind objektiv, rechtens, völlig normal und gerechtfertigt.

Sie wissen jetzt mehr – also handeln Sie klug. Da wo Sie

sich abhängig fühlen, zum Beispiel im Job, erfüllen Sie die Erwartungen der anderen, solange es mit Ihren Werten vereinbar ist.

Da wo Sie sich nicht abhängig fühlen, probieren Sie aus, die Erwartungen anderer nicht zu erfüllen, wenn Sie nicht möchten. Und beobachten Sie, was passiert. Sie lernen dann viel darüber, wie der andere die Beziehung zu Ihnen definiert.

Fazit:

Dieses Experiment ist nicht einfach. Vor allem, wenn Ihnen eine Tendenz zum Rechthaben zu eigen ist oder Sie gerne die Kontrolle haben, weil Sie sich sonst hilflos fühlen.

Beobachten Sie Ihre Reaktionen – und bleiben Sie ruhig. Es ist ein Experiment, nur für einen Tag. Morgen können Sie wieder alles so machen, wie Sie es gewohnt sind.

Wenn Sie möchten, notieren Sie in Ihrem Logbuch Ihre Erfahrungen.

Morgens hatte ich die Erwartung, dass

....

....

....

Tagsüber hatte ich folgende Erwartungen

....

....

Als ich eine Erwartungen losließ, passierte Folgendes:

....

....

Am meisten erstaunt hat mich bei dem Experiment

....

....

Schwer trennen konnte ich mich von der Erwartung,

....

....

PS: Die Idee zu dieser Lektion stammt von Leo Babauta.

* * *

5. LEKTION: ORDNUNG HILFT, SICH BESSER ZU FÜHLEN

Einen Tag ohne Erwartungen leben. Gar nicht so leicht, oder? Wie ging es Ihnen damit?

In jeder Lektion erfahren Sie einen anderen Ansatz, wie Sie bisher unbewusst immer mal wieder dafür gesorgt haben, dass es Ihnen nicht gut geht. Und wie Sie das ändern können.

Bisher ging es in den Lektionen um innere Prozesse. Diesmal befassen wir uns mit etwas ganz Äußerem. Aber wieder mit dem Ziel, dass Sie sich danach besser fühlen werden. Versprochen!

Heute geht es um diese Inhalte:

- Warum Ordnung halten hilfreich ist

- Wie Sie Ihren Schrank aufräumen und dabei glücklicher werden
- Warum eine Tagesstruktur zufrieden macht

* * *

Warum Ordnung halten hilfreich ist, wenn Sie sich besser fühlen wollen.

Es gibt einen klaren Zusammenhang zwischen Ordnung und Struktur und Ihren Gefühlen. Auch das hat wieder etwas mit Ihrem Gehirn zu tun. Da es unablässig damit beschäftigt ist, Strukturen und Muster aufzuspüren, bedeutet eine unaufgeräumte Situation für das Gehirn mehr Arbeit.

Betrachten Sie einfach mal achtsam die beiden Bilder und achten Sie dabei, was in Ihnen abläuft.

Aber Sie kennen das sicher selbst aus eigener Erfahrung. Angenommen, Sie haben einen Hobbykeller, eine Garage, einen Keller, wo eine ziemliche Unordnung herrscht. Meist halten Sie sich da nicht gerne auf, sondern tun das, was Sie dort suchen oder erledigen wollen, und verlassen schnell den unwirtlichen Ort.

Ganz anders, wenn Sie irgendwann mal Ihren Keller oder die Garage aufgeräumt haben. Alles ist an seinem Platz. Wenn Sie den Raum betreten, strahlt er eine gewisse Sauberkeit und Ruhe aus. Sie fühlen sich wohl, obwohl es derselbe Raum vielleicht mit denselben Gegenständen ist.

Den Unterschied macht die Ordnung.

Dasselbe gilt natürlich für alle Räume Ihres Lebens.

- Die unaufgeräumte Küche.
- Ihr Kleiderschrank, in dem Sie häufig lange suchen müssen.
- Ihr PC, in dem Ordner, Dateien, Dokumente, Bilder, MP3s und alles andere wild durcheinander liegt.
- Ihr Schreibtisch und/oder Ihr Arbeitszimmer – oder Ihr Auto
- Der Stapel unbezahlter Rechnungen und zu erledigender Aufgaben
- Ihr Posteingang des eMail-Postfachs
- Ihre Gedanken am „Feierabend“, wenn Sie vorher nicht abschalten.

In dieser Lektion erfahren Sie, wie Sie in den verschiedenen Bereichen Ihres Lebens mehr Ordnung und Struktur schaffen können.

Wie halten Sie's mit der Ordnung?

Beantworten Sie einfach mal diese Fragen:

Sind Sie ständig mit Aufräumen und Ordnung halten beschäftigt?

Verbringen Sie viel Zeit mit Suchen, weil die Dinge nicht an ihrem Platz sind?

Fällt es Ihnen schwer, sich von Dingen (Kleider, Bücher, Papiere, Geräte etc.) zu trennen, auch wenn Sie sie seit Jahren nicht benutzt haben?

Stopfen Sie oft Sachen in volle Schubladen oder lassen Sie sie irgendwo fallen?

Heben Sie Bücher, Zeitschriften oder Artikel auf, um sie "später mal" zu lesen?

Haben Sie extra Lagerflächen im Keller, auf dem Dachboden, in der Garage, bei Ihren Eltern?

Sammeln Sie unnütze Dinge, weil Sie die später noch verschenken wollen?

Ist Unordnung ein Streitthema in Ihrer Partnerschaft oder Familie?

Müssen Sie viel aufräumen, wenn Besuch kommt?

Bekommen Sie Mahnungen, weil Sie die entsprechenden Papiere oft nicht finden?

Sind Ihnen diese Fragen gerade peinlich?

Und? Schon genug Ja-Antworten für ein Treffen bei den "Anonymen Messies"? Okay, Sie müssen da jetzt noch nicht hin. Lesen Sie erst mal weiter.

Ordnung halten ist im Grunde ganz einfach.

Es ist immer ein Dreierschritt:

1. Aufräumen und Wegwerfen
2. Den Dingen einen festen Platz zuweisen
3. Möglichst sofort nach Gebrauch wieder an diesen Platz bringen.

Je nachdem, in welchem (Un)-Ordnungszustand der jeweilige Bereich ist, fällt es mitunter schwer, sich an den ersten Schritt „Aufräumen und Wegwerfen“ ranzuwagen. *„Da bin ich ja Wochen und Monate mit nichts anderem beschäftigt“*, meldet sich der Faulpelz aus dem inneren Team.

Nach meiner Erfahrung ist die größte Hürde das Anfangen. Wenn man dann eine Weile reingekommen ist, verliert sich der Schrecken, man sieht, dass man vorankommt und findet vielleicht sogar Gefallen an der Arbeit.

Deshalb hier mein ultimativer Trick aus meinem eMail-Kurs „Anpacken statt aufschieben“:

Fangen Sie an aufzuräumen – aber nur für sechseinhalb Minuten.

„Das ist ja lächerlich“, sagen Sie, *„da bin ich ja in zwei Jahren noch nicht fertig mit Aufräumen.“* Damit hätten Sie Recht, aber es geht ja ums Anfangen. Mehr will ich zu dem Trick nicht verraten. Probieren Sie ihn einfach aus.

Wie Sie Ihre Schränke aufräumen, dass Sie hinterher

glücklich sind.

Manche Ratgeber zum Aufräumen empfehlen ja etwas wegzuwerfen, wenn man es etwa ein Jahr lang nicht benutzt oder getragen hat. In dem Buch *„Magic Cleaning"* von Marie Kondo geht es um einen **radikalen, ganz anderen Ansatz beim Aufräumen**. Sie empfiehlt:

**Was Sie glücklich macht,
behalten Sie.**

**Was keine Erfüllung bringt,
werfen Sie weg.**

Dazu sollen Sie jeden einzelnen Gegenstand in die Hand nehmen und achtsam auf die Reaktionen des Körpers und der Seele achten. Dabei merken Sie wahrscheinlich, dass Sie auf die verschiedenen Gegenstände unterschiedlich reagieren.

Und wie macht man das konkret?

Die Autorin empfiehlt, nicht nach Zimmern aufzuräumen, sondern nach Kategorien. Also wenn man seinen Kleiderschrank ausmisten will, nach Unterkategorien wie Kleider, Hosen, Oberteile, Strümpfe und Wäsche vorzugehen.

Und dann alles einer Kategorie auf einen großen Haufen werfen. **Dadurch wird einem bewusst, was man alles besitzt.**

Und dann nehmen Sie jede Sache in die Hand und prüfen Sie achtsam, ob Sie ihn behalten möchten und wofür?

Dazu ist es wichtig, herauszufinden, welchen Zustand Sie mit dem Aufräumen erreichen wollen. Eine klare

Atmosphäre in Ihrer Wohnung? Mehr Zeit für das Wesentliche? Mehr Übersicht und Klarheit in Ihrem Leben? Entspannung und Ruhe?

Auf diese Weise finden Sie heraus, wo Ihre Prioritäten liegen. Was Ihnen wirklich wichtig ist. Und wovon Sie sich befreien wollen.

Das bringt Sie zu Fragen wie: *"Warum besitze ich diesen Gegenstand? Welchen Sinn hatte es, ihn in meine Wohnung zu holen? Wofür steht er, welche Rolle spielt er in meinem Leben?"*

Marie Kondo hat zudem jede Menge unüblicher Tipps:

- Nie dem Partner oder der Familie zeigen, was Sie wegwerfen wollen. Weil dann vieles vermutlich wieder an anderer Stelle aufbewahrt wird.
- Kleidung nicht auf Bügel, sondern zusammengelegt aufzubewahren. Weil Sie sie dazu in die Hand nehmen müssen und besser spüren.
- Im Schrank die schweren, langen, dunklen Sachen nach links ordnen. Weil das (leichtere, helle Sachen nach rechts) eine nach rechts oben weisende Linie ergibt, die gute Stimmung macht.
- Socken nicht auf links drehen und zusammen knüllen. Sondern aufrecht in Schubladen oder Kartons stellen.
- Alles wegwerfen, was seinen Zweck erfüllt hat. Seminarunterlagen, Kreditkartenabrechnungen,

Stromrechnungen, Gehaltsnachweise, Bedienungsanleitungen, ungeliebte Geschenke, Umverpackungen, Kosmetikpröbchen, Werbegeschenke, Bastelgeschenke der Kinder usw.

Darf man auch Bücher weggeben?

Selbstverständlich. Ich habe vor Jahren in meinem Blog drüber geschrieben als ich über 1000 Bücher ausmistete.

Auf das häufigste Argument *"Vielleicht möchte ich das später noch mal lesen"*, fragt die Profi-Aufräumerin: *"Nennen Sie mir zehn Lieblingsbücher, die Sie bereits mehrfach gelesen haben."* Wir sollten also nur die Bücher behalten, die uns wirklich Freude bereiten. Und auch die ungelesenen oder halb gelesenen Regalleichen wegwerfen. Denn die Erklärung "Aber irgendwann will ich das vielleicht mal lesen", stimmt nicht. "

Irgendwann" kommt nie.

* * *

Wie Sie ganz einfach Ordnung halten.

Das Ausmisten und Wegwerfen ist der erste Schritt. Damit Sie nicht nach kurzer Zeit wieder bei derselben Ordnung landen, gibt es nur einen Weg:

Jede Sache braucht ihren festen Platz. Und nach Gebrauch legen Sie es auch genau an diesen Platz.

Klingt logisch. Die Dinge brauchen also ihren festen

Platz und dürfen nicht auf verschiedene Orte verteilt werden.

Heißt konkret, wenn Sie nach Hause kommen, hängen Sie den Schlüssel ans Schlüsselbrett und legen ihn nicht auf den Küchentisch. Ihr Sakko oder Ihr Oberteil werfen Sie nicht aufs Sofa, sondern hängen es auf einen Bügel im Schlafzimmer. Ihr Handy stellen Sie in die Ladestation im Wohnzimmer anstatt es in der Tasche zu lassen.

Und hier wird es richtig interessant. Marie Kondo schreibt:

"Aufräumen ist der kürzeste Weg zur Selbsterkenntnis. Ihr Besitz, also alles, was Sie umgibt, erzählt Ihnen die Geschichte Ihrer Entscheidungen. Das Aufräumen ist wie eine Inventur Ihrer Persönlichkeit, bei der Sie entdecken, wer Sie sind und was Sie wirklich wollen."

Aufräumen fokussiert.

Was Sie nicht glücklich macht, wird weggeworfen. Denn um zu erkennen, was Sie im Leben wollen, was Ihnen wirklich wichtig ist, müssen Sie sich erst mal von all dem trennen, was Ihnen nicht mehr wichtig ist. Damit Sie Platz bekommen für das Neue.

* * *

Warum Aufräumen glücklich machen kann.

Mir geht es so. Immer wenn ich mich entschließe, einen Bereich aufzuräumen und das klare Ergebnis hinterher erlebe, empfinde ich eine tiefe Befriedigung.

Viele Menschen haben den Kühlschrank oder die Kleiderschränke voll und verfallen trotzdem in Fressorgien oder den Kaufrausch. Doch das rigorose Aufräumen kann gegen die Gier und die illusionäre Hoffnung helfen, durch das Anhäufen von Dingen zufrieden zu werden.

Feng-Shui ist eine andere Methode, das Glück anzulocken, indem man seine Umgebung in eine bestimmte Ordnung bringt.

Damit hat Ausmisten und Aufräumen viel zu tun. Sie können zum Beispiel Ihre Kleidungsstücke in der Schublade farblich abgestuft ordnen. Nach vorne die hellen Sachen und die dunklen weiter nach hinten.

Ziel von Feng-Shui ist es, die Kräfte von Yin und Yang in Einklang zu bringen. Nichts soll dominieren, alles soll ausgewogen und harmonisch sein, damit die Lebenskraft Chi frei und ungehindert fließen kann.

Ziel des Aufräumens ist es, sich nur noch mit Dingen zu umgeben, die einen glücklich machen. Und dazu müssen wir uns von den Dingen trennen, die uns nicht glücklich machen.

* * *

Wie eine Tagesstruktur zufrieden macht.

Eine sinnvolle und befriedigende Beschäftigung ist für alle Menschen ein wichtiger Aspekt zur Erhaltung der Gesundheit und einer positiven Stimmung. Wir fühlen uns erfüllt und sind stolz, wenn wir etwas geleistet haben. Außerdem brauchen wir soziale Kontakte zur Bildung von Glückshormonen.

Somit können Beschäftigung und eine geregelte Tagesplanung viel helfen, sich besser zu fühlen. Erwartet zu werden, miteinander etwas zu unternehmen oder auch gemeinsam Feste zu feiern sind deshalb wichtige Dinge, um die Stimmung zu heben.

Wenn der Beruf allein als sinnstiftendes Element im Leben gesehen und keine anderen Aktivitäten einen locken, steigt das Risiko der Sinnleere und die Tendenz zum ewigen Grübeln. Gefährdet sind vor allem Männer, die sich fast ausschließlich über den Beruf definiert haben.

Ein Testszenario für die Notwendigkeit einer Tagesstruktur kann für Berufstätige der Urlaub sein. In diesen Auszeiten kann sich jeder schon einmal die Frage stellen: *"Was mache ich eigentlich, wenn ich nicht mehr durch den Beruf gesteuert werde?"* Wer sein ganzes Leben lang keine Hobbys oder Interessen gepflegt habe, fällt dann schnell in ein Loch.

Entscheidend für psychisches Wohlbefinden ist, dass man mit seiner Biografie im Reinen ist, Beziehungen pflegen kann, aber auch einen Sinn in seinem Tun oder in seiner Existenz sieht.

Fehlt das Gefühl, gebraucht zu werden, steigt nicht nur das Depressions-Risiko – sondern auch die Gefahr, sich mit Alkohol oder Beruhigungstabletten über die Einsamkeit hinweg zu trösten. Soziale Teilhabe ist ein ganz wichtiger Faktor für psychische Gesundheit. Sie umfasst nicht nur familiäre Bindungen, sondern auch lockere Beziehungen wie beispielsweise beim Engagement im Ehrenamt, in der Kirche oder im Verein.

Bei all dem hilft eine Tagesstruktur.

Sportliche Betätigung ist dabei ein Mittel mit doppelt positivem Effekt – sie hält fit und schafft geordnete Abläufe. Wer zum Beispiel joggt, Rad fährt oder Nordic Walking betreibt, der organisiert oft seinen Tag um diese Aktivität herum: Es gibt eine Zeit für Sport, eine Zeit für die Zeitungslektüre, fürs Einkaufen und so weiter.

Natürlich kann es herrlich sein, mal ganz ohne Struktur in den Tag hineinleben. Am Wochenende oder im Urlaub. Doch meist wird das deshalb so entspannend erlebt, wenn man sonst ziemlich eingespannt ist.

Hat man immer viel Zeit, beispielsweise weil man länger krank ist oder im Ruhestand, sieht das gleich ganz aus. Und auch Menschen, die arbeitslos geworden sind, genießen nur am Anfang die viele freie Zeit. Nach einer Weile wird es schnell langweilig und die *Frage „Wie kriege ich nur den Tag rum?* wird zum Problem, das man lösen muss.

Es geht ja auch nicht um irgendeine Struktur, sondern um eine Struktur, die Ihnen gut tut und Ihre unterschiedlichen Bedürfnisse berücksichtigt.

Wie wär's, wenn Sie mal Ihre übliche Tagesstruktur in Ihr Logbuch schreiben?

Nach dem Aufstehen mache ich Folgendes

....

....

....

Ein typischer Vormittag bei mir sieht so aus: ....

....

....

Und so der Nachmittag

....

....

....

Und so der Abend

....

....

Das war die Bestandsaufnahme.

Und jetzt überlegen Sie mal, was Sie gern ändern würden an Ihrer Tagesstruktur. Als ich das mal vor längerer Zeit machte, fiel mir auf, dass ich zu wenig Zeit hatte, um allein zu sein. Und dass mir Zeit für meine kreativen Hobbys wie Gitarre spielen und Zeichnen fehlte. Und dann baute ich meine Tagesstruktur entsprechend um.

Das können Sie auch. Jetzt. Schreiben Sie einfach mal auf, was Sie an Ihrer normalen Tagesstruktur gern ändern würden. **Am besten, Sie nehmen Dinge, die sich auch realisieren lassen.**

Ich hätte gern mehr davon:

....

....

....

Viel zu viel Zeit verbringe ich mit:

....

....

Ändern könnte ich Folgendes:

………………………………………………………...

…………………………………………………………

…………………………………………………………

* * *

ORDNUNG SCHAFFEN IN IHREM INNEREN TEAM.

In der zweiten Lektion erfuhren Sie etwas darüber, dass unsere Persönlichkeit kein einheitliches Ding ist, sondern besser verstanden kann als ein Team von Unterpersönlichkeiten. Die arbeiten wie in einem guten Team miteinander – oder gegeneinander.

Der entscheidende Faktor ist eine starke Führungsfigur.

In einem Team mit einer schwachen Führung wird bald ein Teammitglied öfters die Stimme erheben und versuchen, die Führung an sich zu reißen. Wenn jetzt der Chef oder die Chefin sich nicht Respekt verschafft, gerät die Sache schnell aus dem Lot. Die anderen Teammitglieder orientieren sich an dem neuen starken

Teammitglied, der aber eigentlich nicht die Regie hat.

In Ihrer Psyche ist es genauso.

Die Führungsfigur hier ist Ihr SELBST oder Ihr ICH. Es spielt hier keine Rolle, wie Sie diese Instanz nennen. Also jener Bewusstseinszustand, den Sie erleben, wenn Sie achtsam sind. Mit dem Sie die Stimmen und Meinungen der anderen Teilpersönlichkeiten wahrnehmen und einschätzen können.

So schaffen Sie Ordnung in Ihrem inneren Team:

Werden Sie achtsam und nehmen Sie innerlich mit Ihrem Körper Kontakt auf. Danach nehmen Sie eine Weile Ihren Atem wahr.

Achten Sie jetzt auf Stimmen oder Gedanken, die von einem inneren Persönlichkeitsanteil stammen könnten.

Versuchen Sie, jeder Stimme im Raum einen Platz zu geben bzw. zu orten, woher die Stimme kommt (vorne links, etwas weiter hinten, rechts von mir, über mir etc.)

Verändern Sie den Platz der Stimme nach Belieben. Also holen Sie einen „leisen“ *Teil („Ich hätte es hier gern ordentlicher.“)*, den Sie aber wichtig finden, nach vorne. Schieben Sie einen „Schwätzer“, der sich immer wieder in den Vordergrund drängt, nach hinten. Experimentieren Sie damit, wo die Stimme des „Kritikers“ Sie weniger beeinflusst: rechts oder links, mehr hinten oder schräg vorne.

Bedanken Sie sich kurz bei dem inneren Anteil für seinen Beitrag.

Wenn Sie etwas klarer geworden sind, kehren Sie aus der Achtsamkeit ins Alltagsbewusstsein wieder zurück.

Auf diese Weise sorgen Sie für mehr Ordnung in Ihrem Team. Das ist wichtig. In einem Orchester sitzen die einzelnen Instrumente auch nicht nach Belieben, sondern in einer bestimmten Struktur, die den gewünschten Klang unterstützt.

6. LEKTION: WIE SIE NEGATIVE GEDANKEN STOPPEN

Ordnung halten, war das Thema der letzten Lektion. Im Äußeren und im Inneren. Haben Sie etwas davon umgesetzt? Oder ist Ihr Leben schon grundsätzlich in Ordnung?

Aber irgendwie sind Sie ja doch immer mal wieder unzufrieden. Sonst hätten Sie wohl kaum dieses eBook erworben. Wissen Sie eigentlich, wie Sie sich unzufrieden machen?

„Ich mache mich nicht unzufrieden", antworten Sie jetzt vielleicht. *„Es sind die Umstände oder andere Menschen, die mich unzufrieden machen."*

Na, ganz so ist es nicht. Aber darum geht in dieser Lektion:

- Zwei Königswege zur Unzufriedenheit
- Der Sinn unsinniger Gedanken
- Wie Sie negatives Denken stoppen

* * *

Zwei gute Strategien, sich unglücklich zu machen.

Ich nehme an, das wollen Sie nicht wirklich wissen. Sie wollen sich ja besser fühlen. Aber manchmal versteht man so leichter, wie das eigentlich geschieht, dass wir uns schlechter fühlen.

Also: Eine todsichere Strategie, sich dauerhaft unglücklich zu machen, ist der Vergleich. Also der Vergleich "nach oben".

Denn egal wie Sie aussehen, wie viel Sie verdienen, wie gut Ihre Kinder geraten sind, wie schön Ihre Wohnung oder Ihr Haus ist – es gibt immer jemanden, der schöner ist und weniger Falten hat (obwohl älter), mehr verdient (bei weniger Anstrengung), eine tollere Wohnung (längst abgezahlt) usw.

Neid auf andere kann einen ja auch motivieren. Aber es ist keine gute Motivation. Denn just in dem Moment, wo man den Beneideten eingeholt oder übertroffen hat, lesen Sie etwas über jemanden, der aus Ihrer Sicht erfolgreicher ist.

Diesen Wettlauf können Sie nie gewinnen. Im Märchen sieht der Hase auch immer jemanden, der schon am Ziel ist – und stirbt zuletzt.

Eine weitere Strategie, sich unglücklich zu machen, ist das Sorgenmachen und Grübeln. Denn ganz klar, alles was Sie sind oder was Ihnen gehört, kann Ihnen verloren gehen oder genommen werden.

Ihr Besitz, Ihre Gesundheit, Ihre Familie, Ihr Leben. Alles ist unsicher.

Sicherheitsbewusste Menschen schließen jetzt auf alles eine Versicherung ab. Was genau genommen ja immer eine Wette ist. Also, die Versicherung wettet gegen Sie, dass nichts passiert. Sie schlafen dann vielleicht etwas besser, müssen aber dafür jeden Monat dafür Beiträge zahlen.

Es gibt einen anderen Weg.

Warum grübeln Menschen?

Wenn man mit etwas aufhören will, was einem offensichtlich nicht gut tut, man aber wider besseren Wissens nicht damit aufhören „kann", hat das meist damit zu tun, dass die ungeliebte Handlung einen unbewussten Zweck verfolgt.

So ist es auch mit dem übertriebenen Grübeln und Sorgen-Machen. Doch was für eine Funktion könnten diese Denkmuster haben?

Die "Schwarze Wolke" der Sorgen.

Die meisten Menschen sehnen sich nach innerem Frieden. Also dem Empfinden, dass alles gut ist und die Dinge ihren rechten Platz haben. Doch jeder macht sich manchmal Sorgen, entwickelt Ängste, grübelt immer wieder über die gleichen Dinge – ohne einen Ausweg zu finden.

Das Tragische dabei ist: natürlich wissen wir rational, dass die bevorstehende Prüfung nicht über Leben und Tod entscheidet. Unter der schwarzen Wolke sieht er aber alles zappenduster aus. Dass unser Kind, nur weil es nicht zum vereinbarten Zeitpunkt anruft, vermutlich nicht verunglückt im Straßengraben liegt. Dass der bohrende Kopfschmerz wahrscheinlich eine harmlose Ursache hat und nicht das Symptom eines Gehirntumors ist.

Aber wenn sich große Angst in uns breit macht, die grübelnden Gedanken sich im Kreis drehen oder die Sorgen um alles Mögliche nicht aufhören, dann verlieren wir diese realistische Perspektive.

Wir sind wie unter einer "schwarzen Wolke".

Dann können wir nur noch all das ausmalen, was Schlimmes passiert ist oder noch geschehen wird. Wir sehen nur noch, was schief läuft: in unserem Leben, in der Familie, in der Firma, in der Welt.

Gefühlsmäßig geht es dem Betreffenden fürchterlich schlecht – aber nur der betreffende Mensch erlebt das so.

Die Umgebung findet das Ganze maßlos übertrieben, verdreht die Augen und wendet sich irgendwann ab. Zumal der ängstliche Mensch kaum für irgendeine Art von Trost, Rat oder Hilfe erreichbar scheint.

WARUM POSITIVES DENKEN NICHT HILFT.

Fast jeder, der unter Ängsten, Sorgen und Grübeln leidet, hat mal "positives Denken" ausprobiert. Meist in Form eines Buchgeschenks, von jemandem, dem das ständige negative Denken und Klagen auf die Nerven ging: *"Das hier musst Du mal lesen!"*

Doch die frustrierende Erkenntnis des ängstlichen Lesers ist meist: Anders als im Buch beschrieben oder vom begeisterten Seminarleiter verkündet, scheinen die negativen Gedanken geheimnisvollerweise bei einem selbst immer stärker zu sein als die positiven!

Bei jedem positiven Gedanken, den man sich einzureden versucht, meldet sich der innere Kritiker: *„Den Unsinn glaubst du doch selbst nicht."* Oder: *„Und das soll bei dir funktionieren?"* Nach einer Weile fühlt man sich noch schlechter als zuvor, weil man – wie es sich zeigt – offenbar ein hoffnungsloser Fall ist.

* * *

Der Sinn "unsinniger" Gedanken.

Warum ist es so schwer, mit dem "unnötigen" Grübeln und Sorgenmachen aufzuhören? In einem ruhigen Moment erinnern wir uns daran, dass als wir uns das letzte Mal über etwas wahnsinnige Sorgen machten, das befürchtete Ereignis nicht eintrat. Warum können wir daraus nicht lernen?

Hier kommt die Antwort:

Sich Sorgen machen, gibt uns in einer unsicheren Situation die Illusion von Kontrolle.

Ein Beispiel: Samstagmittag finden Sie eine Benachrichtigung über ein Einschreiben im Briefkasten. Sie haben keine Ahnung, um was für einen Brief es sich handeln könnte. Die Post hat schon zu. Sie müssen bis Montag warten, um zu erfahren, um was es sich handelt.

Manche Menschen können jetzt diese Unsicherheit gut aushalten, indem sie sich sagen: *"Mal schauen, was das ist. Kann ja nichts Schlimmes sein. Am Montag werde ich sehen, um was es sich handelt."*

Menschen, die zum Grübeln neigen, verarbeiten diese unsichere Situation anders. Bei ihnen geht jetzt das Katastrophenkarrussel los: *Der Vermieter hat die Wohnung gekündigt. Das ist eine Vollstreckungsbescheid wegen des noch nicht gezahlten Strafzettels. Oder eine Abmahnung aus der Firma. Vielleicht der Brief eines Rechtsanwalts wegen der Kündigung des Zeitschriften-Abos …*

Also eine ungewisse Situation, über die man keine Kontrolle hat. Menschen, die zum Grübeln neigen, machen sich jetzt einen Haufen Sorgen, um wenigstens etwas tun zu können. **Sie haben das Gefühl, dass sie dadurch wenigstens auf alle Eventualitäten vorbereitet sind und so der Ungewissheit nicht mehr ganz so hilflos ausgeliefert sind.**

Meistens löst sich die ungewisse Situation dann ganz harmlos auf. Zum Beispiel war das Einschreiben ein Brief der Online-Bank, um Ihre Personalien bei der Post zu bestätigen – und daran hatten Sie natürlich nicht mehr gedacht.

Menschen, die sich viele Ängste und Sorgen machen,

haben meist in der Kindheit unsichere Situationen erlebt, die sie qualvoll ertragen mussten. Häufige Streits der Eltern und die Angst, dass die sich trennen. Die Mutter war schwer krank und die ständige Ungewissheit, ob sie wieder gesund wird oder stirbt. Der Vater, der wenn er betrunken nach Hause kommt, gewalttätig wurde.

Kinder, die in solchen Situationen nicht durch einen Erwachsenen getröstet werden, müssen sich selbst helfen. Sie stehen dann stundenlang am Fenster und glauben, dadurch beeinflussen zu können, dass die Mutter, die im Streit die Wohnung verlassen hat, wieder zurück kommt.

Das Kind kann diese Angst nicht allein verarbeiten und auch ganz schlecht aushalten. Es kann auch *nicht* nichts tun. Aber es kann sich Sorgen machen. Und das beruhigt etwas die Ängste.

* * *

So stoppen Sie Ihr negatives Denken.

Über die äußere Welt und eintretende Ereignisse haben Sie nur begrenzt Kontrolle. Was Sie wirklich unter Kontrolle bringen können, ist Ihr Geist, sind Ihre Gedanken.

Das erscheint Ihnen natürlich, wenn Sie über etwas ängstlich oder besorgt sind, unmöglich. Deshalb empfehle ich Ihnen hier ein äußerst wirksames Werkzeug aus dem Buch ***"The Tools"*** von Phil Stutz und Barry Michels.

Es heißt *"Das dankbare Herz"* und es geht so:

1. Beginnen Sie damit, im Stillen bestimmte Dinge in Ihrem Leben aufzuzählen, für die Sie dankbar sind.

Es können Dinge sein, die für Sie ganz selbstverständlich sind. Dass Sie ein Dach über dem Kopf haben, sich die nächste Mahlzeit kaufen können, dass draußen die Sonne scheint oder es regnet, dass Sie einen PC und Internetanschluss haben …

Sie können auch Dinge nehmen, von denen Sie verschont geblieben sind: Krieg, Tornados, bestimmte Krankheiten, früher Tod …

Wichtig ist, dass Sie die Dankbarkeit mit der Zeit wirklich fühlen können – nicht nur denken. Finden Sie immer wieder neue Dinge, für die Sie dankbar sind.

2. Nach einer Minute, in der Sie Dinge aufgezählt haben, für die Sie dankbar sind, hören Sie damit auf.

Konzentrieren Sie sich jetzt auf das Gefühl der Dankbarkeit in Ihrem Körper. Mit der Zeit werden Sie spüren, dass es aus Ihrem Herzen kommt.

3. Wenn Sie die Dankbarkeit aus Ihrem Herzen spüren, stellen Sie sich vor, dass Ihre Dankbarkeit zu einer höheren Kraft gehört, die für Sie und den ganzen Planeten sorgt. Verbinden Sie sich mit dieser Quelle.

Auweia, werden jetzt ein paar Leser aufstöhnen. Jetzt ist

der Kopp-Wichmann auch bei den Esoterikern gelandet! Höhere Kraft, Quelle, hömma …

Keine Sorge, mir ging es genauso, als ich das Buch "The Tools" las. Zwei gestandene Psychoanalytiker, einer davon arbeitete als Gefängnispsychiater, schwafeln jetzt von höheren Kräften. Eine neue Eso-Methode aus Amerika. Der Nachfolger von "The Secret".

Was gegen schnelle Vorurteile hilft, ist ja immer die eigene Erfahrung.

Sie können noch so viele SPIEGEL-Artikel über den Unsinn von Homöopathie gelesen haben. In der Nacht, wo Ihre Frau dem seit Stunden wegen Ohrenschmerzen schreienden Zweijährigen fünf Kügelchen Chamomilla gibt und sich Ihr Kind in zehn Minuten beruhigt, ändert das vermutlich Ihre Einstellung gegen Hahnemann und Söhne.

Und ich habe das Tool ausprobiert.

Obwohl ich nicht sehr zum Grübeln neige, gab es eine Sache, über die ich mir immer wieder "unnötig" Sorgen machte, ohne wirklich handeln zu können. Am Anfang spürte ich kaum etwas. Aber man muss es öfter anwenden. Am besten immer dann, wenn die negativen Gedanken auftauchen. Und siehe da …

Die Methode *"Das dankbare Herz"* hilft auch bei einigen anderen unangenehmen Verhaltensweisen:

Sie hilft bei reuevollen Gedanken über Vergangenes.

Hätte ich doch vor einem Jahr meine ganzen Aktien verkauft. Warum habe ich nicht gleich Psychologie studiert und erst etliche Berufe ausprobiert? Wie wäre mein Leben verlaufen, wenn ich damals …?

Wenn Sie mal wieder nicht schlafen können und Schafe zählen, probieren dieses Tool aus. Sogenannte "Fehler" in der Vergangenheit haben nur so lange einen Einfluss auf Ihre Gegenwart, solange Sie darüber nachgrübeln. Wenn Sie fühlen, was Sie alles haben und wofür Sie dankbar sind, sehen Sie plötzlich auch die Zukunft, die voller Möglichkeiten ist.

Sie befreit Sie von Selbsthass.

Jeder kennt den inneren Kritiker, der zu allem und jedem, was wir tun, seinen scharfen Senf abgibt. Gegen diese innere Stimme können Sie nie gewinnen, wenn Sie sich auf eine Debatte einlassen.

Sie brauchen etwas, das stärker ist als der "innere Kritiker". Und das ist dieses Tool. Probieren Sie es aus.

Sie verringert Ihr Urteilen über andere.

Meist werten wir andere ab, wenn wir glauben, uns Ihrem störenden Einfluss nicht entziehen zu können. Dieses Urteilen merken andere meistens mit der Zeit, behandeln uns vielleicht tatsächlich unfreundlicher und fertig ist die selbsterfüllende Prophezeiung.

Mein Fazit:

Wenn Sie nicht religiös sind, fällt es Ihnen vielleicht schwer, für Dinge dankbar zu sein, von denen Sie glauben, dass Sie sich das alles erarbeitet haben. Oder gar an eine Quelle im Universum zu glauben, die für alles sorgt.

Aber denken Sie doch mal einen Moment an Ihren Körper. Während der letzten paar Minuten entnimmt er der Luft Sauerstoff, verdaut komplexe Nahrungsmittel, ermöglicht Ihnen, das hier zu lesen und zu überdenken.

All das funktioniert erstaunlich gut, ohne dass Sie etwas dazu tun. Sie wissen vermutlich noch nicht mal, wie Ihr Körper das genau macht.

Oder denken Sie an die Erde. Obwohl wir Menschen sie nicht allzu sorgsam behandeln, versorgt sie uns täglich mit Nahrung, mit Luft zum Atmen, mit Rohstoffen, aus denen u.a. Ihr Smartphone oder Laptop gemacht wurden, auf dem Sie das hier gerade lesen.

Sie wissen das alles.

Fangen Sie an, es zu spüren. Mit Ihrem dankbaren Herzen.

Wenn Sie mal wieder in einer trüben Stimmung sind, fallen Ihnen vielleicht Dinge, für die Sie dankbar sind, nicht gleich ein. Deshalb schreiben Sie doch hier gleich mal einiges auf. Die Methode wirkt ja auch, wenn man sich gar nicht so schlecht fühlt.

Dankbar bin ich dafür, dass ich selbst

………………………………………………………………

………………………………………………………………..

Dankbar bin ich dafür, dass mein Körper

………………………………………………………………

………………………………………………………………

Dankbar bin ich dafür, dass mein Partner/mein Kind

………………………………………………………………

………………………………………………………………

………………………………………………………………

Dankbar bin ich dafür, dass ich in einem Land lebe,

…………………………………………………………….

…………………………………………………………….

Dankbar bin ich dafür, dass das Leben

……………………………………………………………

……………………………………………………………

Dankbarkeit ist eines der mächtigsten Werkzeuge, um sich besser zu fühlen. Wenn Sie sich Sorgen machen, sind Sie mit Ihrer Aufmerksamkeit entweder in der Vergangenheit, wo Sie etwas bedauern oder bereuen. Oder Sie sind in der Zukunft, wo Sie etwas befürchten.

Dankbar sein bringt Sie immer sofort in die Gegenwart.

Und wenn Sie sich hier auf das konzentrieren, was Sie schon alles haben, werden Sie eine Menge finden, für das Sie dankbar sein können. Selbst wenn Sie schwer krank sind, Schulden haben oder im Rollstuhl sitzen.

Es gibt immer eine Menge kleiner und großer Dinge, für die wir dankbar sein können. Entscheidend ist, dass Sie Ihre Aufmerksamkeit darauf richten. Dass Sie sich nach einer Weile besser fühlen werden, ist dann eine logische Konsequenz.

Ich wünsche Ihnen gute Erfahrungen beim Experimentieren mit der Dankbarkeit.

PS: Hier zwei Video-Interviews mit dem Zen-Lehrer Paul Kohtes über den Sinn von Meditation für Führungskräfte und seine persönliche Erfahrung damit:

http://goo.gl/s1Ybx

7. LEKTION: ZUERST DIE GROSSEN STEINE

Sechs Lektionen haben Sie in der letzten Zeit gelesen und einiges oder alles mal ausprobiert oder umgesetzt.

Wenn ja, müssten Sie sich insgesamt besser fühlen. Meinen Glückwunsch!

Wenn nein, hat das sicher Gründe. Sie haben den Inhalt der Lektionen nicht angewendet oder nicht oft genug. Vielleicht hat sich aber auch etwas Gravierendes in Ihrem Leben ereignet oder verändert.

Heute geht es um diese Inhalte:

- Die großen Steine zuerst
- Was würden Sie am Ende Ihres Lebens bereuen?
- Fokussieren Sie sich auf Wichtiges

* * *

Die großen Sachen zuerst. (1. Teil)

Eines Tages hielt ein Experte im Zeitmanagement einen Vortrag vor Studenten. Dabei benutzte er zur Illustration einer These eine Demonstration, die die Studenten wohl nicht so schnell vergaßen.

Als er vor den Studenten stand holte er ein Liter-Glas hervor, stellte es auf den Tisch und sagte: *"Okay, Zeit für ein Quiz."* Nach und nach füllte er das Glas mit etwa ein Dutzend faustgroßen Steinen bis zum Rand und fragte: *"Ist das Glas voll?"* Jeder der Studenten antwortete mit *"Ja."* Der Experte meinte: *"Wirklich?"*

Er griff unter den Tisch und holte Kieselsteine hervor, die er in das Glas füllte. Durch sanftes Schütteln ließ er die Kiesel sich so verteilen, dass sie zwischen die großen Steine passten. Dann fragte er erneut: *"Ist das Glas voll?"* – Diesmal waren sich die Studenten nicht so sicher, einer von ihnen sagte: *"Vermutlich nicht."*

"Gut," meinte der Experte, holte Sand hervor und ließ diesen ins Glas rieseln bis auch der kleinste Zwischenraum ausgefüllt war. *"Nun, ist jetzt das Glas voll?"* Diesmal waren sich die Studenten einig: *"Nein!"*

"Gut", sagte der Experte, holte einen Becher mit Wasser

und goss dieses langsam ins Glas bis es bis zum Rand ausgefüllt war.

Dann sah er die Studenten an und fragte: *"Was kann man von dieser Demonstration lernen?"* Einer der Studenten hob die Hand und meinte: *"Dass egal wie viele Termine man hat, sich immer noch Zeit für neue findet?"*

Was ist Ihre Schlussfolgerung aus diesem Experiment?

Notieren Sie das am besten wieder in Ihrem Logbuch.

* * *

Man kann das Leben nur rückwärts verstehen,
aber man muss es vorwärts leben.

–Sören Kierkegaard

WAS WÜRDEN SIE AM ENDE IHRES LEBENS BEREUEN?

Was ist wirklich wichtig im Leben?

Diese Frage kann einem im Alltag ziemlich abhandenkommen. So viele Aufgaben, Projekte und Termine. Emails, Telefonate, Twitter, Facebook. Und dann noch das Privatleben mit seinen Ereignissen, Pflichten und Routinen.

Oft steckt man so tief drin im Leben – an guten wie an schwierigen Tagen – dass diese Frage in den Hintergrund gerät: Was ist wirklich wichtig in meinem Leben?

Vielleicht im Urlaub oder an runden Geburtstagen, an denen man kurz Bilanz zieht, taucht die Frage wieder auf. Kann es so weitergehen? Wird es so weitergehen? Und wie fühle ich mich dabei?

Oft ist auch eine persönliche Krise, in der man für einige Zeit aus dem Hamsterrad herausgenommen wird, eine

Gelegenheit, intensiver über sein Leben nachzudenken. Und vielleicht mit einigen Korrekturen oder neuen Weichenstellungen in sein Leben zurückkehrt.

Die letzte Möglichkeit, noch einmal auf sein Leben zurückzuschauen, ist der nahende Tod.

Die australische Krankenschwester Bronnie Ware, die viele Menschen in den letzten Wochen ihres Daseins begleitet hat, beschrieb in ihrem Buch „**5 Dinge, die Sterbende am meisten bereuen**“, wie Menschen in den letzten Wochen ihres Lebens ihre Vergangenheit betrachten.

Fünf unerfüllbare Wünsche an die Vergangenheit hat sie besonders häufig gehört:

1. "Ich wünschte, ich hätte den Mut aufgebracht, ein Leben getreu mir selbst zu führen – anstatt eines, das andere von mir erwarteten."

„Leben oder gelebt werden“, ist der Titel des Buches, in dem Walter Kohl sein Leben im Schatten seines Vaters, des Altbundeskanzlers schildert. Der Titel ist auch eine gute Frage an sich selbst. **Lebe ich oder werde ich gelebt?**

Wer von klein auf hört, dass es wichtig ist, was die Nachbarn sagen oder die Leute denken, entwickelt oft früh einen *„Mach's allen Recht-Antreiber“*. Ein feines Gespür für all das, was andere Menschen wollen oder ihnen nicht gefällt. Dann beurteilt so jemand, was er tut, im Geiste mehr mit dem Blick der anderen als mit dem eigenen Gefühl.

Alice Miller hat in ihrem Buch ***„Das Drama des begabten Kindes“*** die Entwicklung eines Kindes, das früh für die Wünsche und Bedürfnisse der Eltern sensibilisiert wird, eindrucksvoll beschrieben. Solche Menschen sind beliebt, sie haben eine feine Antenne dafür, wie es anderen geht und sind oft bereit, ihnen zu helfen oder auf sie Rücksicht zu nehmen.

Um eine Idee davon zu bekommen, ob Sie wirklich IHR Leben leben, hier ein wertvolles Experiment, das jede Menge Aufschluss dazu gibt.

Sind Sie bereit?

Gut. Dann erstmal tief durchatmen und los geht's ..

Suchen Sie sich einen bequemen Platz, an dem Sie ein paar Minuten ungestört sind – vor allem kein Handy in Reichweite – auch nicht auf lautlos … **Schließen Sie Ihre Augen** und richten Sie Ihre Aufmerksamkeit nach innen.

Lesen Sie die folgenden Sätze erst still für sich und sagen Sie dann jeweils einen Satz laut vor sich hin. **Achten Sie dabei auf Ihre inneren Reaktionen wie Körperempfindungen, Gefühle und/oder Gedanken.**

„Ich muss es anderen nicht immer recht machen.“

„Ich bin in Ordnung, so wie ich bin.“

„Mein Leben gehört mir."

Ihre beobachteten Reaktionen können Hinweise geben, welche inneren Einstellungen Sie zum Thema *"Wem gehört mein Leben"* haben.

Sollten Sie hier gemerkt haben, dass Sie nicht gelassen und mit einem klaren "Ja" reagiert haben, gibt Ihnen das einen wichtigen Hinweis, dass Sie eventuell noch einen Ablöseprozess vollziehen sollten. Wie das gehen kann, erfahren Sie in meinem **ersten Buch** „Frauen wollen erwachsene Männer" oder in diesem **Video:**

http://goo.gl/7OcpwI

2. "Ich wünschte, ich hätte nicht so viel gearbeitet."

Fast alle Männer hätten das bereut, schreibt die Krankenschwester.

Arbeite ich, um zu leben? Oder lebe ich, um zu arbeiten? Bleibt neben der Arbeit genug Zeit für Muße, Nichtstun, Spielen, freudiges, absichtsloses Tun?

Die Burnout-Debatte der letzten Jahre hat deutlich gemacht, dass vielen Menschen die *Life-Work-Balance* (gebräuchlicher ist ja die umgekehrte Schreibweise) abhanden gekommen ist.

Das ist einerseits ein gesellschaftlicher Trend, der mit den neuen technischen Möglichkeiten der Vernetzung zu tun hat. Aber bei vielen Menschen spielt wohl die daraus folgende Veränderung eine Rolle.

Manche Eltern überlegen ja schon während der Schwangerschaft, wie sie das Ungeborene für den Arbeitsmarkt fit machen können. Mozart und Englischvokabeln schon für den Fötus im Mutterleib, der erweiterte Sprachkurs im Kindergarten, die Schach-AG oder der Mathe-Förderkurs in der Volkshochschule sind längst keine Ausnahme mehr im Alltag von Drei- bis Zehnjährigen.

„Ich wünschte, ich hätte nicht so viel gearbeitet." Hier kommt es natürlich darauf an, was wir als Arbeit empfinden. Eine Tätigkeit, die mit Freude und Sinn verbunden ist, wird anders erlebt als ein Tun, das primär aus der Notwendigkeit um die Sicherung der Existenz entsteht.

Auch die Fähigkeit, klaglos zu funktionieren, wird oft schon in den ersten Lebensjahren angelegt. ***„Sitz nicht rum, tu was!"*** Oder das Eingespanntsein in den elterlichen Betrieb, ob Gaststätte oder Bauernhof, legt frühe Wurzeln, dass Leben ohne Arbeit sinnlos oder gefährlich ist.

Wieder ein Experiment dazu, wenn Sie möchten:

Suchen Sie sich einen bequemen Platz, an dem Sie ein paar Minuten ungestört sind. Schließen Sie Ihre Augen und richten Sie Ihre Aufmerksamkeit nach innen.

Lesen Sie die folgenden Sätze erst still und sagen Sie dann jeweils einen Satz laut vor sich hin.

Achten Sie dabei auf Ihre inneren Reaktionen wie Körperempfindungen, Gefühle und/oder Gedanken.

„Ich muss nicht immer stark sein."

„Ich darf faul sein und nichts tun."

„Ich muss nicht immer funktionieren."

Ihre beobachteten Reaktionen können Hinweise geben, welche inneren Einstellungen Sie zum Thema "Leben und Arbeit" haben.

3. "Ich wünschte, ich hätte den Mut aufgebracht, meine Gefühle zu zeigen."

Hier kommt die Einladung zu einem Experiment gleich am Anfang.

Eine persönliche Frage an Sie: *„Was fühlen Sie in diesem Moment, wenn Sie diesen Artikel lesen?"*

Vielleicht wollen Sie einen Moment innehalten, und die Augen schließen und spüren, wie es Ihnen geht, wenn Sie bis hierher gelesen haben. Sind Sie betroffen, gelangweilt, neugierig, nachdenklich, ärgerlich ...?

Also nicht denken, was Sie fühlen könnten, sondern was Sie wirklich fühlen – in diesem Moment. Wie Ihre Stimmung ist.

Um nicht in Konflikte mit anderen zu geraten, unterdrücken viele Menschen ihre Gefühle, strengen sich an, pflegeleicht zu funktionieren.

Suchen Sie sich einen bequemen Platz, an dem Sie ein paar Minuten ungestört sind. Schließen Sie Ihre Augen und richten Sie Ihre

Aufmerksamkeit nach innen.

Lesen Sie die folgenden Sätze erst und sagen Sie dann jeweils einen Satz laut vor sich hin. **Achten Sie dabei auf Ihre inneren Reaktionen wie Körperempfindungen, Gefühle und/oder Gedanken.**

„Alle meine Gefühle sind in Ordnung."

„Ich darf meine Gefühle spüren und zeigen."

„Ich bin erwachsen."

Ihre beobachteten Reaktionen können Hinweise geben, welche inneren Einstellungen Sie zum Thema "Gefühle" haben.

4. "Ich wünschte, ich wäre mit meinen Freunden in Kontakt geblieben."

In früheren Zeiten – ich schreibe schon wie der Märchenonkel (!) – war es mit dem Pflegen der Beziehungen meist einfacher. Man lebte auf dem Dorf oder in kleinen Städten. Wenn man mit jemandem reden wollte, musste man ihn besuchen oder auf einem Fest treffen.

Dass jemand seinen Lebenskreis verlässt, war eher selten. Heute ist es umgekehrt. Schon nach der Schule zur Ausbildung oder dem Studium verlassen die meisten ihr Elternhaus. Und das meist nicht, um sich im Nachbarort niederzulassen, sondern Hunderte von Kilometern und mehr.

In der freien Zeit gab es früher wenig, mit dem man den Feierabend verbringen konnte. Kein Fernsehen, kein Telefon, kein Internet. **Man musste raus in die Realität, um jemanden zu treffen und mit ihm zu reden.**

Heute ist das anders. Man kann über Kontinente via

Internet Verbindung halten, was eine tolle Sache ist. Kritisch wird es, wenn die virtuellen Kontakte die realen Begegnungen deutlich übersteigen. Vor allem, wenn sämtliche Facebookfreundschaften nur noch virtuell gelebt werden, obwohl man sich locker in 10 Minuten gemütlich in der Kneipe treffen könnte

Wenn man mitten im Leben steht, fällt einem das vermutlich gar nicht so auf. Deswegen finde ich auch diesen vierten Wunsch bemerkenswert. Er betont die Wichtigkeit von engen Beziehungen – neben dem Kontakt zum Partner und vielleicht den Kindern.

Suchen Sie sich einen bequemen Platz, an dem Sie ein paar Minuten ungestört. Schließen Sie Ihre Augen und richten Sie Ihre Aufmerksamkeit nach innen.

Lesen Sie die folgenden Sätze erst und sagen Sie dann jeweils einen Satz laut vor sich hin.

Achten Sie dabei auf Ihre inneren Reaktionen wie Körperempfindungen, Gefühle und/oder Gedanken.

„Menschen brauchen mich."

„Ich habe Wertvolles zu geben."

„Ich brauche Menschen."

Ihre beobachteten Reaktionen können Hinweise geben, welche inneren Einstellungen Sie zum Thema "Freundschaft und Beziehungen" haben.

5. "Ich wünschte, ich hätte mich glücklicher sein lassen."

Ein erstaunlicher Wunsch: „Mich glücklicher sein lassen." Das beinhaltet ja auch, dass jemand es irgendwie verhindert hat, glücklicher zu sein.

Dafür kann es mehrere Ursachen geben:

Sie schauen vor allem auf das, was Sie nicht oder noch nicht haben, anstatt auf das, was Sie haben. Das können kleine Dinge sein. Keine Schmerzen haben, genug zu essen, die einfachen Dinge des Lebens, die uns so selbstverständlich erscheinen. Und das große Glück erwarten wir oft von anderen Dingen, die wir ersehnen.

Systemische Verstrickungen.

Das tritt vor allem dann auf, wenn es jemandem, den wir lieben oder der uns wichtig ist, nicht gut geht oder er/sie leidet oder kein gutes Leben hat/hatte. Menschen mit einem behinderten Geschwister fühlen sich oft schuldig, wenn es Ihnen gut – oder zu gut – geht. Dann „arrangieren" sie oft etwas unbewusst, was ihnen passiert, und unter dem sie dann auch schwer zu tragen haben.

Wenn ein Elternteil früh gestorben ist oder ein anderes schweres Schicksal erleben musste, kann es schwer werden, einfach so glücklich zu sein. Hohe finanzielle Verluste der Eltern sind manchmal auch ein Auslöser.

Grübeleien über die Vergangenheit.

Im Leben jedes Menschen gibt es Kümmernisse, Fehlentscheidungen oder schlimme Ereignisse. Solche Belastungen zu verarbeiten und dann irgendwann loszulassen ist wichtig.

Akzeptieren, was geschehen ist, anstatt zu lange, wie glücklich man hätte werden können, wenn dies und das nicht eingetreten wäre, ist vergeblich und ein sicherer Weg, unglücklicher zu werden als es sein müsste.

Suchen Sie sich einen bequemen Platz, an dem Sie ein paar Minuten ungestört. Schließen Sie Ihre Augen und richten Sie Ihre Aufmerksamkeit nach innen.

Lesen Sie die folgenden Sätze erst und sagen Sie dann jeweils einen Satz laut vor sich hin. **Achten Sie dabei auf Ihre inneren Reaktionen wie Körperempfindungen, Gefühle und/oder Gedanken.**

„Es darf mir gut gehen."

„Ich muss nichts wiedergutmachen."

„Das Leben trägt mich."

Ihre beobachteten Reaktionen können Hinweise geben, welche inneren Einstellungen Sie zum Thema "Glücklichsein" haben.

Mein Fazit:

"Man kann das Leben nur rückwärts verstehen, aber man muss es vorwärts leben." Zum Glück muss man dazu nicht

bis zur letzten Stunde warten. Eine Krise oder ein ruhiger Spaziergang ist eine genau so gute Gelegenheit. Oder ein berührender Film, ein Buch, das uns aufrüttelt oder das Gespräch mit einem Freund.

* * *

„Wer ein Warum zu leben hat,
erträgt fast jedes Wie."
Viktor Frankl

Die großen Steine zuerst. (2. Teil)

Zurück zu dem Experiment mit dem leeres Glas, den Steinen, dem Sand und dem Wasser. Was kann man daraus für sein Leben lernen?

Einer der Studenten hatte ja gemeint: *"Egal wie viele Termine und Aufgaben man hat, es findet sich immer noch Zeit für neue."*

"Nein," antwortete der Professor, "das ist es nicht. Diese Demonstration zeigt uns:

„Wenn man nicht die GROSSEN STEINE zuerst hinein legt, wird man sie überhaupt nicht ins Glas bekommen."

Hier ein Video dazu:

http://goo.gl/a8ygavv

Was sind die 'GROSSEN STEINE' in Ihrem Leben?

Wollen Sie mehr Zeit mit der Familie verbringen? Ist es Ihre Arbeit? Welchen Lebenstraum haben Sie?

Denken Sie daran, zuerst Platz für diese GROSSEN STEINE in Ihrem Leben zu schaffen und sie anzugehen. Andernfalls werden sie sie nie hineinbekommen, weil die 24 Stunden Ihres Tages mit allem Möglichen (den kleinen Steinen, dem Sand, dem Wasser) schon angefüllt sind.

Deswegen: Überlegen Sie sich was ihre Steine sind – vielleicht für diesen Tag, vielleicht für die Woche – und legen Sie diese zuerst in ihr Lebensglas.

WIE SIE DIE GROSSEN STEINE IN IHREM LEBEN FINDEN.

Jeder von uns muss Dinge tun, die wenig Erfüllung bringen und die dennoch getan werden müssen. Sie gehören zum Alltag, sind Teil der Routine im Job oder die ewigen zu wiederholenden Handgriffe in der Familie oder im Haushalt.

Solche Dinge kann man versuchen zu reduzieren oder zu delegieren. Doch meist geht das nur begrenzt. Aber es gibt eine entscheidende Sache, die dauerhaft Ihre Gefühlslage positiv beeinflussen kann: eine sinnvolle Aufgabe – ein GROSSER STEIN.

Die Suche nach Sinnerfüllung scheint eine Gemeinsamkeit aller Menschen zu sein und das Gefühl, als Mensch etwas Sinnvolles zu tun und in etwas Sinnvolles eingebettet zu sein, ist notwendiger Bestandteil unserer Integrität und Gesundheit.

Aaron Antonovsky (er prägte den Begriff der „Salutogenese") fand heraus, dass neben dem **Gefühl der Verstehbarkeit und dem Gefühl der Handhabbarkeit** des Lebens auch das **Gefühl der Sinnhaftigkeit** die größte Bedeutung hat.

Hier zu passt der Satz von Viktor Frankl, dem Begründer der Logotherapie:

„Es gibt nichts auf der Welt, das einen Menschen so sehr befähigte, äußere Schwierigkeiten oder innere Beschwerden zu überwinden, als das Bewusstsein, eine Aufgabe im Leben zu haben."

Zum Finden Ihrer GROSSEN STEINE empfehle ich Ihnen diesen Dreierschritt.

1. Schritt: Finden Sie etwas Sinnvolles für jeden Tag

Am besten, jeden Morgen oder am Vorabend, suchen und finden Sie eine Sache, die Sie machen möchten.

Das kann alles sein:

- ein großes Projekt,
- genug Zeit mit Ihrem Kind und/oder mit Ihrem Partner
- Ihr eigenes Business-Projekt, Ihren Garten pflegen …
- Eine neue Fähigkeit wie eine Fremdsprache oder ein Musikinstrument lernen
- Etwas Kreatives machen wie Fotografieren, Malen, mit Holz arbeiten etc.
- Ein Buch schreiben, einen Blog anfangen, Gedichte verfassen

Es sollte etwas sein, das Sie wirklich anmacht.

Das sind Ihre GROSSEN STEINE.

Für Ihre Zufriedenheit im Leben und eine gute Stimmung am Tag sind diese großen Steine enorm wichtig.

Wenn Sie denen keine Priorität in Ihrem Leben einräumen, kann es sein, dass Sie unglücklich und unzufrieden werden.

Denn wenn Sie den unbedeutenden und kleinen Dingen im Leben (also dem Kies oder gar dem Sand) zu viel Platz geben, füllen Sie Ihr Leben mit Nichtigkeiten. Und dann fehlt Ihnen bald die kostbare Zeit, sich den wirklich wichtigen Dingen in Ihrem Leben zu widmen.

Meine GROSSEN STEINE.

Notieren Sie spontan Ihre Ideen, wem oder was Sie mehr Priorität in Ihrem Leben einräumen möchten. Welche Träume Sie haben. Was Ihr Leben sinnvoller oder lebendiger machen würde.

Denken Sie an die Bereiche Gesundheit, Familie, Partnerschaft, Kinder, Freunde, neue Fähigkeiten, Träume

Schreiben Sie sie in Ihr Logbuch.

2. Schritt: Schaffen Sie dafür Platz in Ihrer Tagesstruktur

Die wichtigen Aufgaben also Ihre GROSSEN STEINE müssen zuerst in Ihr Glas, damit sie auch wirklich Platz dafür haben.

Notieren Sie zum Beispiel für jeden Tag eine oder zwei Aufgaben, die für Sie wichtig sind, wobei Sie nicht unterbrochen werden wollen und mindestens 20 Min. Arbeit am Stück benötigen, damit es sich überhaupt lohnt, damit anzufangen.

„Keine Zeit!“ ist ein häufig gehörtes Argument an dieser Stelle aber dieser Satz sagt nichts über Ihre verfügbare Zeit aus, sondern über Ihre bisherigen Prioritäten.

In einer früheren Lektion lasen Sie:

„Wer etwas will, findet Wege. Wer etwas nicht will, findet Gründe.“

Angenommen, einer Ihrer GROSSEN STEINE wäre, beim nächsten Halbmarathon Ihrer Stadt mitzulaufen. Und angenommen, es wäre wirklich IHR Wunsch und nicht etwas, wo Sie sich dafür von einem Freund breitschlagen haben lassen oder weil beim Firmenlauf noch zwei Teilnehmer fehlen …

Also angenommen, es wäre wirklich IHR Wunsch, dann würden Sie dafür Zeit finden. Morgens eine Stunde früher aufstehen oder abends den Fernseher eine Stunde später einschalten.

Die fehlende Zeit ist nicht das Problem.

Die Rangfolge Ihrer Prioritäten entscheidet, was möglich ist.

Die Kieselsteine, der Sand und das Wasser in dem Bild sind Ihre Tagesarbeit, der Alltag, die vielen Pflichten und Routinen, die unser aller Leben enthält.

Das ist normal, auch nicht schlimm. Lässt sich aber mit besserer Stimmung schaffen, wenn es nicht den ganzen Tag unser ganzes Leben ausfüllt.

Der Sinn im Leben kommt aus dem, was uns wirklich wichtig ist. Woran unser Herz hängt, was uns im Innersten berührt.

3. Schritt: Tun Sie's und bleiben Sie dabei.

Damit Sie auf dem Sterbebett möglichst wenig bereuen.

* * *

WIR SIND AM ENDE. ODER AM ANFANG.

Ganz wie Sie wollen.

Am Ende sicherlich dieses Buchs. In den zurückliegenden Tagen und Wochen – je nachdem wie lange Sie für alle Lektionen gebraucht haben – bekamen Sie unterschiedliche Hinweise und Empfehlungen, wie Sie mehr Achtsamkeit im Alltag erleben können.

Bei manchem haben Sie vielleicht sofort zugestimmt und es sogar umgesetzt. Andere Themen haben eventuell Ihren Widerspruch oder Widerstand hervorgerufen.

Entscheidend ist immer Ihre persönliche Erfahrung.

Doch dazu ist es gut, sich auf neue Sichtweisen und vor allem die Experimente einzulassen und sie mal ausprobieren. Vom Lesen allein lernt niemand Klavier- oder Saxofonspielen.

Ich hoffe, Ihnen Achtsamkeit etwas näher gebracht zu haben. Weniger die jeweilige „Technik", sondern die Lebensform, die dahinter steht:

Jetzt. Hier. Sein.

Ich danke Ihnen herzlich für Ihr Interesse und Ihre Ausdauer.

Ihr

WEITERE ANGEBOTE VON MIR.

Wenn Sie mehr von mir lesen wollen, empfehle ich Ihnen meinen Persönlichkeits-Blog. Dort habe ich seit Juli 2005 über fünfhundert Artikel veröffentlicht.

Hier der Link: **www.persoenlichkeits-blog.de**

Ich habe auch zwei „richtige“ Bücher und noch einige eBooks verfasst. Die finden Sie alle bei Amazon unter diesem Link: **http://goo.gl/Ck5TyC**

Außerdem produziere ich **eMail-Kurse**.

Die haben den Vorteil, dass man den Inhalt nicht in einem dicken Buch vorgesetzt bekommt, sondern per eMail alle paar Tage ein paar Seiten mit ein oder zwei Umsetzungsaufgaben, die man dann bis zur nächsten Lektion ausprobieren kann. Der ganze Stoff kommt also in kleinen Häppchen, die man besser verdauen und in seinen Alltag integrieren kann. Das ist eine sehr bewährte Methode des Veränderns.

In der Premium-Version bekommen Sie alle Lektionen auch als MP3-Datei, die Sie auf Ihren iPod, MP3-Player oder Ihr Smartphone herunterladen und unterwegs hören können.

Mittlerweile habe ich vier eMail-Kurse geschrieben:

„Anpacken statt aufschieben!"

„Abgrenzen statt Burnout"

„Ziemlich beste Partner"

„Achtsamkeit im Alltag"

Alle eMail-Kurse finden Sie hier:

www.persoenlichkeits-blog.de/store

Wenn Sie lieber hören oder sehen statt lesen, dann hier noch zwei Links:

Podcasts von mir finden Sie hier:

http://kopp-wichmann.podspot.de/

Videos von mir finden Sie hier:

https://www.youtube.com/user/rkwichmann

* * *

Wenn Sie gern mit mir an einem persönlichen Problem arbeiten möchten, können Sie ein Coaching oder ein Persönlichkeitsseminar mit mir buchen:

www.seminare4you.de

PS: Wenn Ihnen das Buch gefallen hat, würde ich mich über ein Feedback dazu bei Amazon freuen.

Vielleicht wollen Sie beschreiben:

- Was Sie durch mehr Achtsamkeit im Alltag in Ihrem Leben verändert haben.
- Was Ihnen an diesem eBook nicht so gefallen hat und was zwei, drei Dinge waren, die Ihnen gut gefallen haben.

Und wenn Sie dieses Buch an andere weiter empfehlen oder verschenken, freue ich mich.

Danke für Ihre Unterstützung!

ÜBER DEN AUTOR

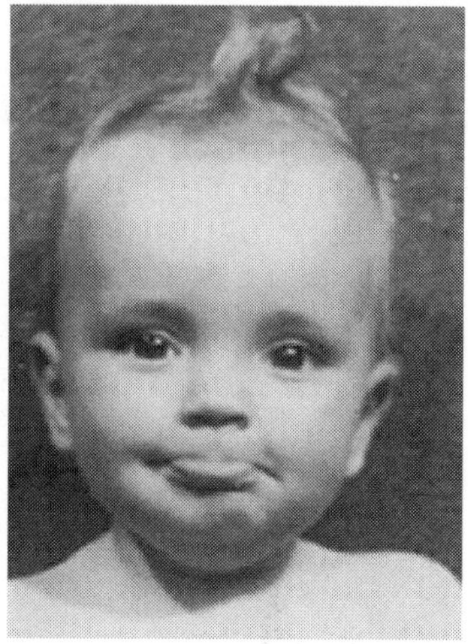

Psychologen haben doch keine Ahnung vom richtigen Leben.

Das ist ein häufiges Urteil über Angehörige meines Berufsstandes. Doch in meinem Fall lief die persönliche und berufliche Entwicklung ziemlich kurvenreich.

Auf einer Sparkasse lernte ich **Bankkaufmann**, war 1 1/2 Jahre in der Kreditabteilung der Dresdner Bank in Ludwigshafen. Schaute mich ein Jahr als **Operator** im Rechenzentrum der IBM in Frankfurt um und wurde dann selbständiger **Texter** für verschiedene Werbeagenturen in Frankfurt.

Als ich dann nach zwei Jahren als **Versicherungsvertreter** begriffen hatte, dass ich mit Geldverdienen allein nicht zufrieden war, machte ich mich auf den **zweiten Bildungsweg** in Nürnberg, um mein Abitur nachzuholen.

Da der erreichte Notendurchschnitt nicht gleich für mein

Wunschfach Psychologie reichte, schob ich noch ein Jahr **Kibbuzarbeit** in Israel ein, erntete dort Orangen, schlachtete Hühner, baute Holzhütten – und wartete auf meinen Studienplatz, der nach einem Jahr auch kam.

Das **Studium der Psychologie** schloss ich zügig ab, da ich ja schon etwas älter war. Weil mich das Studium nicht so recht ausfüllte, machte ich in der Zeit noch **Ausbildungen** in Transaktionsanalyse, Hypnotherapie sowie systemischem Arbeiten.

Nach dem Studium eröffnete ich eine Therapiepraxis und begründete mit Freunden ein Institut (**Hakomi-Institut**), dem ich zwanzig Jahre lang angehörte. Währenddessen war ich freier Mitarbeiter in zwei **Trainingsunternehmen** (ComTeam und Janus) und leitete viele Jahre als freier **Trainer** für zahlreiche Unternehmen Seminare und Workshops.

Seit 1983 arbeite ich mit Menschen. In meiner Praxis als Psychologe und als Coach in Heidelberg. In den letzten zehn Jahren habe ich mich auf intensive **Persönlichkeitsseminare** für Führungskräfte und auf das Schreiben fokussiert.

Ich bin 1948 geboren, verheiratet, zwei Kinder.

6105822R00075

Printed in Germany
by Amazon Distribution
GmbH, Leipzig